AI와 함께 떠나는
미래로의 여행

이하준 | 박성희

박영사

프롤로그

여행! 말만 들어도 가슴이 설레는 단어다. '지금 여행은 사치야'라고 느끼는 순간에도 마음 한 구석엔 여행에 대한 동경이 가득 배어 있다. 이 동경의 정체는 무엇일까? 일상으로부터의 해방이 주는 자유감각 때문이다. 피부에 와 닿는 자유의 감각만큼 확실한 감각은 없다.

그런데 탈일상적 경험으로서의 여행에서 오는 설렘과 다른 종류의 여행의 감정도 있다. 설렘과 두려움의 감정이 혼재하는 여행이다. 아마도 미지의 세계로의 여행이 그렇지 않을까 싶다. '미지의 세계'란 누구나 그렇듯이 설렘과 떨림, 희망과 약간의 두려움을 자아내는 세계이다. 우리를 지배하는 이 혼합 감정은 어디서 온 것일까? 미지의 세계에 대한 불확실성에서 비롯된 것일 것이다. 보고 싶고, 갖고 싶고 지금의 세계보다 더 유쾌하고 멋지고 아름다운 세계의 관념을 미지의 세계에 투사할 때 우리는 미지의 세계에 대한 설렘의 감정을 피부로 느끼게 된다. 그와 반대로 예측불가능한 사건이 발생할 수도 있다는 막연함, 생각했던 세계와 전혀 다르다면 어떡하지라는 생각들이 미지의 세계에 대한 두려운 감정을 만들어 낸다.

그렇다면 미지의 세계로 여행을 생각할 때나 원치 않아도 떠나야만 하는 상황이 온다면 어떻게 해야 할까? 부모님 혹은 친형제 자매와 함께 떠날 수 없다면? 사람들은 당연히 '절친'을 머릿속에 떠올리며 '아, 그 애하고 가면 되지'라고 생각할 것이다. 그러면서 '언제나 나와 함께 고민하고 두려움과 희망을 나눌 친구, 든든한 버팀목'이 자신에게 있음에 만족해하지 않을까.

그런데 절친이 바쁘면 어쩌지? 같이 가고 싶어도 갈 수 없는 경우는 아쉽게도 종종 생긴다. 이 상황은 머리가 좀 복잡해진다. 대체할 만한 다른 친구를 찾을까? 아니면 큰 마음 먹고 혼자 출발? 자유의 바람을 혼자 마음껏 맞는 것도 나쁘지 않아 하면서 과감히 혼자 여행을 떠날 용기가 쉽게 생길까? 만약 친구보다 더 친구 같은 AI, 정말 좋다가도 가끔 내 마음을 상하게 하는 친구보다 오히려 내 마음을 더 잘 읽고 내게 달달한 꿀과 같은 역할을 한 AI와 함께 떠날 수 있다면, 게다가 나를 조종하지도, 나에게 무엇을 강요하지도 않고 지배하려고도 하지 않는 완벽한 나의 여행 안내자이자 탁월한 비서라면, 그 AI와 함께 미지의 세계로 떠날 것인가?

마침내 선택의 시간이 되었는가? 아니다. '배는 이미 떠났다'는 속담처럼 선택의 시간은 이미 지나갔다. 안개가 사라지면 사물이 선명하게 보이듯이 지금 우리 인류 앞에 선명하게 모습을 드러내는 장면이 있다. 인류가 새로운 미지의 세계로 여행을 막 떠나는 바로 그 장면이다. 자세히 살펴보니 인류는 혼자서 미지의 세계로 여행을 떠나지 않는 모습이다. 행운인지 불행인지 알 수 없지만, 적어도 지금 인류는 AI와 손을 잡고 미지의 세계로 떠나고 있다. 요약하면 다음과 같다.

여행목적: 행복, 자유체험
여행지: 미래
여행 최종목적지: 알 수 없음
탑승객: 인간과 AI 총 2명
예정 여행시간: 미정
여행성공확률: 알 수 없음
여행취소 및 환불여부: 불가

원하든 원치 않든 인류가 AI와 여행을 떠나고 있음은 분명하다. 둘은 마치 운명처럼 만났고, 이제 서로를 거부할 수 없는 사이가 되었다. 가장 확실한 것은 같이 하지만 인류와 AI가 같이 맞이하게 될 미래의 세계가 어떠할지, 둘의 관계는 어떻게 전개될지 아무도 모른다는 사실이다. 그저 수많은 추측과 예측, 개연성만이 존재한다. 왜? 이유는 간단하다. 지금까지 인류가 한 번도 가보지 못한 미지의 길을 가는 것이기 때문이다. 그것도 홀로가 아닌 AI와 함께.

이 책은 AI에 관한 백과사전으로 기획되지 않았다. 그렇다고 AI의 abc를 알려주려는 목적으로 쓴 책도 아니다. 이 책은 AI 등장 이전의 세계와 AI와 함께하는 '지금 시간'의 인류 그리고 미래사회와 세계에서 인류와 AI의 모습을 독자 여러분과 같이 생각해 보기 위해 기획되었다. 한마디로 AI와 함께 미래로 여행을 떠날 때 발생하고 부딪히는 문제들에 대해 생각을 나누기 위해서 책을 출간하게 된 것이다. 책의 구성과 내용은 두 저자가 운영한 K-MOOC 강좌 [AI와 인간의 미래]에 토대를 두고 있음을 밝혀둔다. 이 책이 AI와 함께 떠나는 미래로의 여행에 좋은 길잡이가 되기를 기대해 본다.

2022년 6월 어느 날

목 차

4차 산업혁명의 진짜 주인공, AI

AI와
함께 여행을
떠나야 하는데
무엇을 챙겨야 할까?
짐부터 싸야 한다, 당연히.
그런데 짐을 싸기 전에 AI가
어디 있는지, 연락은 되는지,
AI에게 여행 갈 의사가 있는지
없는지 물어보지도 않고 내 맘대로
데리고 갈 수 있는지도 확인해 봐야겠다.
혼자 가는 여행은 아니니까, 이 정도는 감수해야겠다.
일단 AI가 지금 어디 있는지부터 알아봐야겠다.
AI야, 어디 있니~ 내 말 들려~? 들리면 대답해라,
오버. 에휴, 대답이 없네. 그와 함께 여행을 가려면
할 수 없지, 찾아보는 수밖에. 그러면 어디서 찾아야 할까?
그가 사는 곳은 바로 4차 산업혁명이 일어나는 지구라는 별이다.
그는 4차 산업혁명이 일어나는 지구별 중에서도 '4차 산업'이라
불리는 땅에 거주한다. 그런데 들리는 소문에 따르면, 그가 지구별
4차 산업의 진짜 주인공이라는 설도 있고, 그저 여러 등장인물 중의
한 명일 뿐이라는 설도 있다. 어떤 게 진실인지 확인부터 해봐야지.
그래야 그를 벗삼아 여행을 떠나든, 혼자 가든 하지! 그럼 그가 있는
'4차 산업이라는 땅'으로 먼저 가보자. 도대체 어떤 땅인지. 안내하라,
수로 안내인, 2인아!

1.
4차 산업혁명이 뭘까요?

요즘음 어디서나 4차 산업에 대해 이야기하고 마치 새로운 세계가 펼쳐지는 양 이야기합니다. 그리고 4차 산업을 이야기할 때 빠지지 않고 등장하는 것이 AI입니다. 4차 산업과 AI는 어떤 관계일까요?

4차 산업과 AI의 관계를 알려면 4차 산업에 대해서 좀 더 알아봐야 하지요. 또 4차 산업을 알려면 그 이전의 1차, 2차, 3차 산업과 비교해 보면 더 좋습니다. '비교'의 방법만큼 특정한 사물이나 문제를 더 명료하게 하는 방법은 없죠!

아, 그렇군요. 그럼 먼저 산업혁명에 대해 간단명료하게 정의해주세요!

혁명이란 말은 세상이 완전히 뒤바뀌는 것을 말하지 않습니까? 산업혁명(Industrial Revolution)이란 과학기술의 혁신과 급격한 산업생산력의 증대로 인한 사회와 경제 등의 큰 변화와 그 결과를 통칭하는 것이라고 생각하면 됩니다. 그런데 혹시 산업혁명이란 개념을 처음 만들어낸 사람이 누군지 아십니까? 그 개념은 역사학자인 아놀드 토인비(Arnold Toynbee)의 책에서 유래합니다. 토인비가 1884년에 쓴 『영국의 산업혁명에 관한 강의(Lectures on the Industrial Revolution in England: Popular Addresses,

아놀드 토인비

Notes and Other Fragments)』라는 책에 처음 등장합니다.

🤖 **1차, 2차, 3차 산업혁명은 많이 들어 봤는데, 각각의 특징에 대해 다시 한번 알려주세요.**

💬 1차 산업혁명은 증기기관의 발명으로 인해서 양적으로 아주 폭발적인 생산이 있었고요, 2차 산업혁명은 전기의 발명으로 인해서 질적인 생산의 증가가 있었고, 3차 산업혁명은 컴퓨터와 인터넷 기반의 정보지식혁명의 시대였습니다.

🤖 **그럼 4차 산업이란 말을 누가 만들었는지가 궁금하네요.**

💬 4차 산업이라는 용어는 클라우스 슈밥(Klaus Schwab)이 회장으로 있는 세계 경제 포럼에서 2016년 초에 처음으로 발표되었습니다. 슈

1. 2. 3. 4차 산업혁명의 원동력과 그 효과

〈KMOOC 강좌 [AI와 인간의 미래] 자료〉

밥 회장은 〈직업의 미래(The future of Jobs)〉라는 보고서에서 서문에 "오늘날 우리는 4차 산업혁명의 시작에 서 있다"[1]라고 했죠. 거기서 유래됐다는 게 정설입니다.

클라우스 슈밥

4차 산업혁명은 어떻게 정의하고 특징으로는 어떤 것들이 있나요?

4차 산업혁명은 IoT(사물인터넷), 인공지능, 그리고 만물초지능 혁명으로 인해서 사람, 사물, 공간이 초연결되고, 초지능화되는 그러한 사회 전반 시스템의 혁신을 의미합니다.

4차 산업혁명이란 용어의 지적 소유권자인 슈밥은 4차 산업혁명을 지금까지 있었던 산업혁명들과 비교 자체가 무의미할 정도의 엄청난 기술의 대폭발 시대로 이해합니다. 그는 4차 산업사회를 이끌어가는 기술의 특성을 말하는데 우리는 그것에 주목해야 됩니다. 왜냐구요? 1, 2, 3차 기술의 특성 그리고 기술과 기술 간의 상호관계와 4차 산업시대의 그것은 근본적인 차이가 있기 때문입니다. 슈밥은 그 차이를 분명하게 지적합니다.

좀 더 쉽게 정리하면요?

한마디로 말하면, 4차 산업의 과학기술은 과거의 기술과 달리 '융합적', 융합기술의 성격이 매우 강하다는 겁니다. 상이한 과학기술 간

---

1   The World Economic Forum, "The Future of Jobs Report", January, 2016. pp.v https://www3.weforum.org/docs/WEF_Future_of_Jobs.pdf

의 상호영향과 기술융합에 따른 시너지 효과도 과거와 비교해 굉장히 크다는 것이죠.

아 그렇군요. 그런데 각종 미디어에서 'Industry 4.0'이라는 말도 종종 나오는데요. 이것은 4차 산업혁명과 다른 건가요?

앙겔라 메르켈

'Industry 4.0'이란 개념은 독일에서 유래된 것입니다. 2011년에 독일의 앙겔라 메르켈 총리(Angela D. Merkel)는 자국의 자동차를 포함한 제조업을 IT 기술과 적극 융합시켜 새로운 산업의 질서를 만들어야 한다고 역설했지요. 이러한 아이디어와 의미를 담은 개념이 Industry 4.0입니다. 메르켈 총리의 말은 이렇습니다.

우리는 디지털 세계와 산업생산 세계를 빠르게 융합하여야 한다. 독일에서는 우리는 그것을 Industry 4.0이라 명명하는데 여기에 우리(독일)는 선두가 될 기회를 가진다.[2]

그러니까 Industry 4.0 개념은 '전면적인 차원에서 산업의 IT화'. 다르게 말하면 Industry 3.0에서 4.0으로 나아가야 한다는 산업재편론인 거죠. Industry 4.0는 4차 산업혁명 개념과 많은 부분 일치한다고 볼 수 있습니다. Industry 4.0에서는 기존의 Industry 3.0에서의 개별산업 제품과 장비제조업이 자율성, 지속가능성, 상호운용성을

---

2 Dario Sarmadi, "Merkel calls for 'industry 4.0' at German IT Summit", EURACTIV.de, 2014년 10월 22일, https://www.euractiv.com/section/digital/news/merkel-calls-for-industry-4-0-at-german-it-summit/ 2021년 8월 26일에 검색.

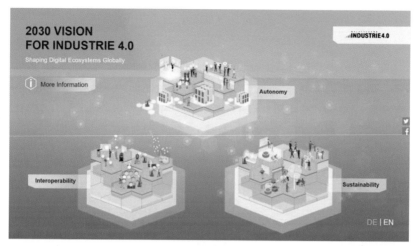

Industry 4.0 개념도

〈https://www.plattform-i40.de〉

갖추도록 하는 플랫폼 구축을 비전으로 삼고 있습니다(그림 참조).
개념규정의 방법론적 차원에서 차이가 있기도 합니다. Industry 4.0
이 산업사회의 변화를 전체주의적 관점에서 보고 개념을 만든 것이
라면, 4차 산업혁명은 변화된 기술의 특성과 그로 인한 결과에 더
관심을 갖고 만든 개념이라고 봐야 합니다.

혹시, 4차 산업과 유사한 의미로 사용되는 다른 말도 있나요?

국제적으로 통용되는 수준은 아니지만 있긴 합니다. 일본에서 사용
하는 'Society 5.0' 용어이죠.
일본의 경우는 〈일본재흥전략 2016년 – 제4차 산업혁명을 향하여 –〉3
의 'Society 5.0'과 같은 개념에서 4차 산업혁명과 내용적으로 유사

---

3 일본 경제재생본부, 일본재흥전략: 2016년 제4차산업혁명을 향하여(日本再興戦略 2016 ―第４次産業革命に向け
て―), 2016, https://www.kantei.go.jp/jp/singi/keizaisaisei/pdf/2016_zentaihombun.pdf 2021년 8월 26일 검색

한 개념을 제시하고 국가 차원에서 전략적으로 대응, 추진하고 있습니다. 구체적으로 4차 산업혁명을 이끌 핵심 기술 분야인 IoT, 로봇은 개인의 니즈를 충족시키는 데 활용합니다. 특히, 공급체인을 IoT로 연결하여 재고가 쌓이지 않고 상품을 적시적소에 공급하는 전반적인 공급체계의 혁신을 계획하고 있습니다. 산업차원에서는 인공지능, 빅데이터, 로보틱스 기술을 활용하여 보건, 무인 자율주행차를 활용한 교통, 규제개혁을 통하여 핀테크 육성에 우선순위를 두고 추진하고 있습니다.

4차 산업혁명과 관련하여 일본은 크게 2가지 목표로 대응하고 있습니다. 첫째는 인공지능, 빅데이터, 로보틱스, IoT와 같은 신산업분야의 발전, 둘째는 이러한 산업발전을 바탕으로 산업 구조를 개편하는 것입니다. 일본 정부는 이와 관련 2017년 일본이 '초스마트사회(超スマート社会)'로 진입하기 위한 비전인 'Society 5.0' 계획을 발표하였습니다.

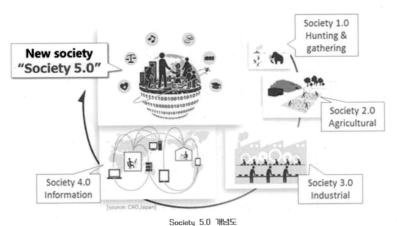

Society 5.0 개념도
〈https://www8.cao.go.jp/cstp/english/society5_0/society5_0e-1.jpg〉

아, 그렇군요. 그럼 세계 최대 경제대국인 미국에서는 4차 산업혁명을 어떻게 이해하고 추진하고 있는지 궁금합니다.

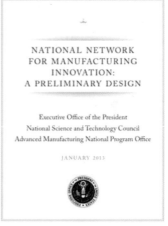

〈국가 제조업 혁신 네트워크: 예비 계획〉보고서
〈https://www.energy.gov/sites/default/files/201
3/11/f4/nstc_jan2013.pdf〉

미국의 경우 이미 2011년 3월에 발표한 〈국가 제조업 혁신 네트워크(National Network for Manufacturing Innovation)〉를 통해서 4차 산업혁명에 필요한 첨단 제조기술을 연구하고 또 개발된 기술은 상업화할 수 있도록 제도적 장치를 지원해 오고 있습니다.

4차 산업혁명은 정말 중요하고 꼭 알아둬야 할 개념이네요. 선진국에선 이미 오래전부터 누구나 알고 있었을 텐데요.

아닙니다. 오해입니다. 미국을 포함한 서구 선진국에서는 4차 산업혁명이라는 용어를 거의 사용하고 있지 않습니다. 용어를 잘 사용하지 않아도 4차 산업혁명을 선도하는 나라들임은 분명하죠. 4차 산업혁명이란 말은 유독 우리나라에서만 누구나 알아야 하는 시사용어가 되었지요. 4차 산업혁명에 대해 한 번쯤 알아볼 필요가 있긴 합니다. 그 이유는 새로운 거대한 변화가 나와 우리, 인간의 삶에 그만큼 지대한 영향을 미치기 때문입니다. 블랙 시나리오가 될지, 화이트 시나리오가될지 아무도 모르죠. 어떤 시나리오이든 간에 인간의 삶에 지대한 영향, 거부할 수 없는 영향, 회피할 수 없는 영향을 주기 때문에 이야기를 하지 않을 수 없습니다.

2.
4차 산업혁명의 빛과 어두움?

앞서서 4차 산업혁명이 블랙 시나리오가 될지 화이트 시나리오가 될지 현재로서는 알 수 없다는 말씀을 하셨는데요. 그래서 현 시점에서 예상되는 빛과 어둠이 있을 것이라 생각합니다. 어떤 일이든 좋은 면과 나쁜 면이 있듯이, 장단점이 있듯이 말이죠. 먼저 이렇게 묻겠습니다. 4차 산업혁명이 일어나면 우리 인간에게 정말 좋은 건가요?

간단히 말하면 희망과 불안 혹은 공포가 공존합니다. 우리는 4차 산업혁명에 대한 매우 긍정적, 희망적 전망들에 익숙해져 있습니다. 그런가 하면 일자리의 상실로 인한 대량실업이나 잉여인간론까지 어두운 전망들도 많이 있지요.

사실, 연구 기관마다 예측치가 상당히 다릅니다. 차이가 생각보다 크다는 얘기죠. 그럼에도 불구하고 시민들에게 주는 메시지는 "당신의 일자리가 내일, 혹은 3년 후에 없어질지도 모른다"는 것입니다. 아직 산업사회의 뇌근육을 갖고 있는 우리에게 대량실업에 대한 전망은 막연한 두려움과 공포감을 갖게 합니다. 노동의 문제에 한해서도 4차 산업혁명은 일반 대중들에게 희망과 공포의 생산자이자 일종의 담론효과를 갖는 것이죠.

🤖 양가적이다? 듣기에는 좀 우울한 느낌인데요. 기왕이면 좀 밝은 얘기부터 듣고 싶습니다. 4차 산업혁명이 궁극적으로 우리에게 줄 수 있는 것이 과연 무엇일까요? 왜 4차 산업혁명이 담론효과를 유발하고 사람들이 희망과 두려움 속에서도 관심을 놓지 못할까요?

💬 좋은 질문입니다. 그런데 답은 생각보다 간단합니다. 그것은 바로 4차 산업의 성공 여부가 인류의 행복에 중요한 영향을 줄 것이라는 믿음 때문입니다. 4차 산업혁명에 대한 관심의 큰 부분은 실제로 긍정적인 희망의 표시라고 볼 수 있습니다. 4차 산업혁명이 우리가 보편적으로 생각하는 수준과 기준에 부합한다면 당연히 인류의 행복에 기여할 것입니다.

아리스토텔레스

좀 더 이야기를 확장하면, 4차 산업혁명은 집단적인 산업활동 행위라고 할 수 있는데, 개인적 행위이든 집단적 행위이든 행위의 궁극적 목적(telos)은 아리스토텔레스(Aristotles)가 말했듯이 '행복(eudaimonia)'이죠. 특정한 생애주기의 특정한 시기, 장소, 상황에서 중기, 단기 행위의 목적은 다를 수 있지만, 궁극적으로는 '행복'을 지향한다는 것이죠. 그런데 비단 아리스토텔레스만 그렇게 생각하는 것은 아니에요. 지구상의 모든 사람들이 행복한 삶을 꿈꾸잖아요.

1차 산업사회에서건, 2차 산업사회에서건 혹은 3차 산업사회에서건 지금 던진 바로 그 질문을 누군가는 던졌을 겁니다. '그것의 궁극적인 목적이 무엇인가? 그것이 인류, 우리 인간에게 무엇을 줄 수 있는가?'. 사실 누군가가 아니라 각각의 산업혁명으로 변화하는 세계를 경험한 모든 사람들이 의식적으로나 무의식적으로 그와 같은 질문을 던졌겠지요.

인간이 존재하는 한 인간은 언제, 어느 시대, 어느 상황에 있더라도 행복에 대한 질문을 던지고 모든 문제를 그것으로 환원시킬 겁니다. 인간은 의미와 가치를 묻고 추구하는 존재이기 때문입니다. 이것은 형이상학적 존재의 운명과도 같은 것이라고 봐야 하겠죠. 산업이나 경제적 차원에서만이 아니라 일반 시민들이 4차 산업혁명을 말하고 관심을 갖게 되는 것은 한마디로 '그것이 과연 우리를 행복하게 만들까'에 대한 확신을 갖고 싶어서지요. 지그문트 프로이트(Sigmund Freud) 식으로 표현한다면 "행복에 대한 인간의 본능적 충동이 4차 산업혁명을 그냥 지나치지 못하게 한다"라고 말할 수 있습니다.

🤖 **그럼 5차, 6차 산업혁명이 일어난다고 가정했을 때도 우리 인간은 같은 질문을 던지겠네요?**

💬 맞습니다. 앞서 말했듯이 인간은 스스로 질문을 던지는 형이상학적 존재입니다. 구체적으로 이 형이상학적 존재는 삶의 의미, 존재 의미, 세계의 의미, 나의 행복과 타자의 행복, 더 넘어 인류의 미래에 대해서 질문을 던지는 존재입니다. 현대사회가 주는 풍요와 인간 욕망에 대한 중립적이거나 긍정적인 평가가 일반화되면서 인간이 잊은 것이 있죠. 그것은 바로 인간이 생각보다 꽤 의미 추구적인 존재라는 것입니다. 이성을 가진 존재가 짊어지고 갈 수밖에 없는 숙명인 것인지… 마치 시시포스(Sisyphus)[4]와 같이 말이죠.

---

4 시시포스(Sisyphus)는 고대 그리스 신화에 나오는 코린토스의 왕이다. 인간 가운데 가장 교활한 인물로 유명한데, 죽은 뒤에 신들을 기만한 죄로 커다란 바위를 밀어올리는 형벌을 받았다. 이 바위는 정상 근처에 다다르면 다시 아래로 굴러 떨어져 형벌이 되풀이된다.

Antonio Zanchi, Sisyphus(1660~65)

아무튼 분명한 것은 이와 같은 인간의 특성으로 인해 산업 환경이
바뀌었고, 기술 문명의 발전 속도, 깊이, 폭과 상관없이 그러한 질
문들은 계속될 겁니다.

거시적인 측면에서 4차 산업혁명에 빛과 어둠의 요소가 잠재해 있고, 인간의 행복과 직결되는 문제라, 정도에 차이가 있을 뿐, 누구나 4차 산업혁명에 관심을 가질 수밖에 없다는 말씀이신듯 합니다. 그렇다면 개인의 측면에서는 4차 산업혁명이 어떤 의미를 가질까요?

과학기술사적 측면, 경제사적 측면, 인류 전체의 측면에서만이 아니라 개인적 차원에서 4차 산업혁명은 크나큰 의미가 있습니다. 삶의 양식, 직업, 개인적인 삶의 구체적인 문제와도 관련이 있을 수밖에 없습니다. 아주 일반적으로 말하면 '제도와 시스템을 넘어서는 개인'은 존재할 수 없기 때문입니다.

가령 어떤 산업의 발전은 나의 생활환경을 변화시키고, 내가 살고 있는 삶의 공간의 물리적 환경을 변화시키죠. 과거에 저는 경운기를 가지고 농사를 지었습니다. 그런데 지금 저는 트랙터를 가지고 농사를 짓습니다. 자동차를 생각해 볼까요? 자동차는 모두 사람이 운전합니다. 그런데 앞으로는 어떻게 될까요? 미래에 모든 사람들은 자율주행 자동차를 가지게 될 것입니다. 한 개인이 원하든 원하지 않든 그는 4차 산업혁명의 '공기'를 마시며 살게 되는 것이죠. 이러한 세계에서 생존하려면 개인은 자신의 생각과 행동, 라이프스타일을 거기에 맞추어야 합니다. 새로운 산업질서에서 성공하려고 한다면 스스로 4차 산업형 인간이 되고자 하겠지요. 이것은 아침형 인간이 될 것이냐, 저녁형 인간이 될 것이냐보다 더 근본적인 문제이죠, 개인에게는 말입니다.

4차 산업혁명 속에서 한 개인은 "사느냐 죽느냐 이것이 문제로다"와 같은 매우 근본적인 문제에 봉착해 있다는 말씀인데, 어떻게 대처해야 할까요?

문학적으로 표현하면 그렇게 말할 수 있을 겁니다. 잘 알려진 역사학자 토인비의 말로 표현하면 4차 산업혁명은 인류에게 하나의 '도전'이며 이 도전에 잘 '응전'한다면 인류는 행복의 열매를 딸 수 있을 겁니다. 그런데 이와 같은 도전과 응전의 논리는 개인에게도 그대로 적용됩니다. 행운인지 불행인지는 역시 개인의 '응전'에 달려 있죠. 운명의 열쇠 소유권을 개인이 양도하지 않는 한 말이죠. 도전과 성취의 미학을 어느 시대보다도 많이 맛보는 자유로운 개인들의 연합체로서 4차 산업사회가 되기를 기대해 봅니다!

3.
4차 산업혁명에서 AI의 위상과 전망

교수님, 4차 산업혁명 시대가 첨단기술의 발달에 의해 인류사회에 큰 영향을 줄 것이라는 예측은 앞서 말씀하여 주셨는데요. 4차 산업혁명에서 특히 AI를 주목하여야 하는 이유는 무엇인가요?

4차 산업혁명에서 주요한 기술로는 사물인터넷(IoT: Internet of Things), 모바일 인터넷(mobile internet), 클라우드 컴퓨팅(cloud computing), 로보틱스(robotics), 빅데이터(big data), 3D 프린팅(3D printing), 소재, 바이오 기술 및 유전학 등이 포함됩니다. 이들 중에서도 인공지능은 점점 기반기술로서 인식되고 있습니다. 1차 산업에서는 증기기관에 의한 동력이, 2차 산업에서는 전기가, 3차 산업에서는 컴퓨터가, 4차 산업에서는 인공지능에 의한 지능화가 그 산업현장에서의 산업동력으

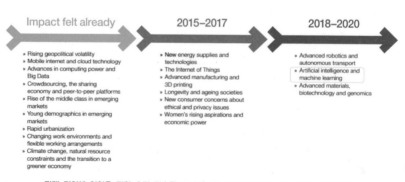

미래 직업에 영향을 미칠 유망 기술들과 2018~2020년에 영향을 미칠 것으로 예상되었던
인공지능, 기계학습기술 (붉은 상자)
〈World Economic Forum, 〈The Future of Jobs〉, 2016 (http://www3.weforum.org/docs/WEF_Future_of_Jobs.pdf)〉

로 인식되고 있다는 말이죠. 다시 말해, 현재 공기와 물, 전기와 같은 필수불가결한 존재가 4차 산업사회에서는 인공지능 기술이 될 것입니다.

앞의 그림에 따르면, 2018~2020년에 기술개발이 현저하게 일어날 것이라는 예측을 2016년도에 내어 놓았는데, 그것이 어느 정도 현실화되고 있다고 볼 수 있습니다. 알파고나 알파고 제로와 같은 기술이 꾸준히 발전하고 전 산업에 걸쳐 적용되고 있기 때문입니다. 따라서, 인공지능 기술이라는 것은 4차 산업기술에 있어서 꼭 해결되어야 할 문제이면서 꾸준히 그 성장률이 기대됩니다. 다른 기술보다 인간 삶의 변화에 지대한 영향을 미칠 것으로 예상됩니다.

🤖 **세계 시장의 동향과 전망에서도 4차 산업혁명 시대의 AI의 위상을 확인할 수 있을텐데... 어떻습니까?**

💬 한국IDC 2021년 자료에 의하면, 전 세계 AI 매출 규모는 2021년 전년 대비 15.2% 증가한 3,418억 달러에 이를 것으로 전망하고 있어요. 이는 2022년에는 18.8%의 성장률을 보이고, 2024년에는 5,000억 달러를 돌파할 것으로 예측되었습니다.[5]

IDC는 AI 시장을 하드웨어, 소프트웨어, 서비스 세 분야로 구분합니다. 현재 전체 시장의 88%를 차지하는 AI 소프트웨어 시장이 점차 줄어들면서, AI 하드웨어 시장이 가파르게 성장할 것으로 IDC는 전망하고 있으며, 2023년부터는 AI 서비스 시장이 가장 빠르게 성장할 것으로 내다보고 있습니다.

AI 서비스 시장규모는 2020년에 194억 달러를 달성하였고 가장 가

5 https://www.idc.com/getdoc.jsp?containerId=prAP48188221

파르게 성장하였습니다. 2021년 19.3%의 성장이 예측되었고 향후 5년간 연평균 21% 성장률 유지하면서 빠르게 성장할 전망입니다. AI 서비스 시장은 IT 서비스와 비즈니스 서비스 두 부문으로 나눴는데, IT 서비스 시장 매출은 전체 시장 매출의 80% 가량 차지할 정도로 규모가 큽니다. 두 시장 모두 5년간 21%의 성장을 보일 것으로 예상하고, AI 서비스 시장이 2025년 500억 달러 규모로 늘어날 것으로 예상했습니다.

마지막으로 가장 빠르게 성장할 시장으로 주목받고 있는 AI 하드웨어 시장은 현재는 전체 시장의 5% 정도로 작지만, 2021년에는 전년 대비 29.6% 성장을 기록하였어요. 하드웨어 시장은 서버와 스토리지 두 개로 나누는데, 서버 시장이 약 82%로 더 높은 점유율을 보이고 있고, 스토리지 시장은 5년간 22.1%의 성장률을 유지하면서 더 높은 성장세를 보일 것으로 전망하고 있습니다.

세계 AI 기술을 주도하고 있는 주요 기업들로는 IBM, 구글(Google),

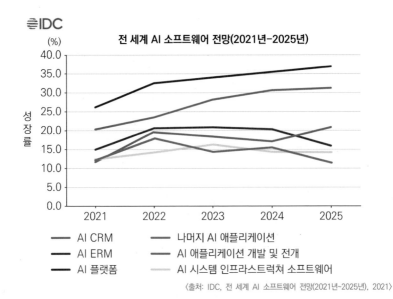

〈출처: IDC, 전 세계 AI 소프트웨어 전망(2021년~2025년), 2021〉

애플(Apple), 바이두(Baidu), 아마존(Amazon) 등이 있습니다.

지금까지 세계 인공지능시장에 대해서 살펴봤고요, 다음은 국내 인공시장 규모에 관해 살펴봅시다.

AI 관련 국내 시장동향과 전망은 어떻게 내다보나요?

국내 인공지능(AI)시장은 연평균 성장률 15.1% 증가하면서 2025년까지 1조 9천억 원 규모로 성장할 것으로 IT 시장분석 및 컨설팅 기관인 한국IDC는 전망했습니다. 한국IDC는 최근 발간한 보고서 〈국내 인공지능(AI) 시장 전망, 2021－2025〉 보고서에서 2021년 자료를 인용하며 국내시장은 2021년에 전년 대비 24.1% 성장하여서 9,435억 원 매출 규모를 이루었다고 보고 있으며, 향후 5년 동안 매년 연평균 15.1%를 기록하면서 2025년까지 1조 9,074억 원 규모가 될 것으로 내다 보았습니다.

2021년 국내 인공지능 시장은 코로나의 비대면 상황하에서 전반적인 성장세를 보인 것으로 파악되었어요. 많은 기업들이 단순반복적

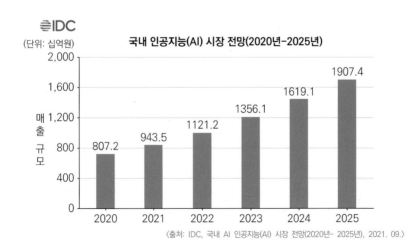

〈출처: IDC, 국내 AI 인공지능(AI) 시장 전망(2020년~ 2025년), 2021. 09.〉

인 작업들의 업무자동화인 RPA(Robotic Process Automation)를 구축함으로써 업무 효율을 향상하려는 노력의 일환으로 AI 애플리케이션 혹은 AI 서비스들을 도입한 것이 주요 원인으로 분석되었어요. 또한, 장기화되고 있는 코로나-19(Covid-19) 팬데믹 상황에서 사람에 의한 대면서비스에서 키오스크나 인공지능 챗봇, 인공지능 음성인식 및 인공지능 스피커 등의 비대면서비스가 가능한 AI 애플리케이션을 활용한 것 또한 주요 원인 중 하나였습니다.

공장 및 제조업의 생산공정에서도 광학문자인식(OCR: Optical Charactor Recognition), 불량품 선별, 추천 분야와 같은 세부 분야에서 AI 제품이 활약한 시장이었어요. 최근 AI 기술이 빅데이터를 가공하고 처리하는 신경망 기술에서 크게 발전하고 있으므로 AI 소프트웨어와 하드웨어 기술을 가속화할 것으로 내다보고 있어요.

국내 주요 AI 관련 기업들로는 삼성전자, 엘지전자, 케이티, 카카오, 네이버, 솔트룩스, 마인즈랩, 그 외에도 많은 벤처기업들이 다양한 AI 시장에서의 패권을 쥐기 위해서 지금도 기술개발에 애쓰고 있습니다.

AI의 개발동향과 개발방향 그리고 향후 전망에 대해 말씀해 주세요.

이미 많은 기업들이 단순반복적인 업무에 업무 효율을 높이기 위해서 업무자동화에 인공지능/기계학습(AI/ML)을 적용하여 활용하고 있으며, AI 적용 업무 범위를 전체로 확장하기 위한 적극적인 IT 투자로까지 이어지는 추세입니다. 이와 같은 수요의 증가에 대응하기 위해 정부 기관과 여러 빅테크 기업을 중심으로 AI 기술의 질을 높일 수 있는 데이터를 확보하고, 데이터 센터 인프라를 구축하고 있으며, 벤처기업 육성을 위한 다양한 지원자금과 정책, 프로그램들을 통해 적극적으로 지원하고자 하는 움직임이 활발해지고 있습니다. 더 나아가, AI Hub와 같은 AI 및 데이터 플랫폼 생태계 조성과 인력양성에 대한 관심도 그 어느 때보다도 높아지고 있는 상황입니다. AI+X라는 개념이 있어요. AI의 자체 기술발전을 넘어서 어떤 미지의 분야(x)에 대해서도 AI의 역할이 무엇이 있을까 시도하고 접근해 보자는 도전적 개념이죠. AI는 새로운 형태의 기술의 발전과 더불어 기존 기술과의 융합을 통한 효율성 증대의 시너지 효과를 낼 것으로 보입니다. 또한, 다양한 서비스 산업에 적용되어 개인맞춤형 서비스 및 편의성을 극대화하는 사용자경험(UX)을 제공할 것으로 내다보고 있어요.

앞으로는 디지털변환(Digital Transformation)이라는 개념하에서 기업 내의 단순반복적인 업무 및 작업들은 인공지능이 담당할 수 있도록 대부분의 업무자료나 절차를 디지털화하는 작업이 가속화될 것으로 전망하고 있어요. 기업은 클라우드 플랫폼 내에서 AI 혹은 RPA 솔루션을 업무에 직접 도구로 활용하고 부서 내에서의 디지털변환 기획, 개발, 참여를 유도할 것이며, 장기적으로는 점차 디지털 리터러시(AI 및 자동화를 수행할 수 있는 능력)를 개인의 디지털 전문역량으로 요구하게 될 것으로 예상합니다. 조직에 소속된 모든 구성원들에게 이러한 디지털 리터러시 교육을 지속적으로 제공함은 물론 구성원들이 스스로 AI 업무 활용 범위와 품질을 확대시킬 수 있도록 주도적이고 책임 있는 조직 문화로 변화시켜 나가야 할 것입니다.[6]

---

6 문승혁, 인공지능 적용 산업과 발전방향에 대한 분석, The Journal of the Convergence on Culture Technology (JCCT) Vol. 5, No. 1, pp.77-82, February 28, 2019. http://dx.doi.org/10.17703/JCCT.2019.5.1.77

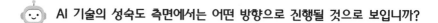

AI 기술의 성숙도 측면에서는 어떤 방향으로 진행될 것으로 보입니까?

AI 기술은 성숙도 측면에서 흔히 약한 인공지능, 강한 인공지능, 초지능의 3가지로 나누어 설명합니다.

먼저, 약한 인공지능(Artificial Narrow Intelligence, ANI, Weak AI)이라 불리는 인공지능은 특정한 영역에서 매우 뛰어난 성능을 보이는 AI입니다. 예로, 구글(Google)의 알파고와 아이비엠(IBM)의 왓슨, 애플(Apple)의 시리를 들 수 있을 것입니다. 알파고(AlphaGo)는 익히 '이세돌' 9단과 바둑대국에서 4:1 승리를 거둔 것으로 잘 알려진 인공지능이고, 왓슨(Watson)은 퀴즈쇼에서 우승을 차지한 후 특히, 전문영역(의료, 법률 등)에서 전문가들과 협력해서 문제를 해결하는 사업을 수행하는 인공지능입니다. 시리(Siri)는 음성 인식과 대화체 인식, 대화체 질의응답을 수행하는 기능으로 스마트폰(아이폰)용 '비서' 인공지능입니다. 현재의 인공지능 개발 및 발전은 당분간은 이 단계에 머물 것으로 전망됩니다.

반면, 강한 인공지능(Artificial General Intelligence, AGI, Strong AI)은 특정영역뿐 아니라 일반적인 영역에서 인간과 같은 생각과 행동을 하는 인공지능입니다. 이론적으로, 인간이 할 수 있는 것은 강한 인공지능도 모두 할 수 있다고 봅니다. 현재는 현실의 예는 존재하지 않고 영화나 SF소설에서 가상으로 그려지고 있습니다. 인간과 소통에 전혀 문제가 없고 인간의 능력과 비슷한 능력을 발휘하는 예로, 〈스타워즈〉의 'R2-D2'나 〈인터스텔라〉의 '타스'가 있어요.

마지막으로, 초인공지능(Artificial SuperIntelligence, ASI, Super AI), 즉 인간의 사고나 행동능력을 초월한 인공지능 발전단계입니다. 이론적으로, 가장 뛰어난 인간의 지능과 능력이 이 단계의 인공지능을 능가할 수 없다고 봅니다. 특정 영역뿐 아니라 모든 영역에서 인간의 능력을 능가하는 수준을 의미합니다. 때로는 인공지능을 두 단계로 나눌 때, 초인공지능을 강한 인공지능으로 분류하기도 합니다. 이 단계도 현실에는 존재하지 않고 영화의 소재로 자주 등장합니다. 가장 이해하기 쉬운 예로 〈터미네이터: 제네시스〉에서의 '스카이넷'과 같이 영화에서는 주로 초인공지능을 소재로 암울한 인류의 미래를 그리곤 합니다.

AI 기술은 점점 약한 인공지능에서 강한 인공지능을 거쳐, 초인공지능으로 발전할 것으로 전망하고 있습니다. 이 또한 학자들마다 그 시기를 달리 예측하고 있어 좀 더 기술의 발전을 주목하여 지켜봐야 하겠지만, AI 기술이 4차 산업혁명 시대의 새로운 동력이고 인류사회에 근본적이면서도 막대한 영향을 끼칠만한 위협적이면서도 파괴적인 기술임에는 틀림이 없습니다.

다음 장에서는 이러한 인공지능에 대한 꿈을 인류가 문화 속에서 어떻게 꿈꿔 왔는지 살펴보도록 하겠습니다.

PART 2

인류의 오래된 꿈, 인공지능

사람들은
누구나 꿈을 꾼다.
실존적 문제에 관련된 꿈은
대부분이 원하지만
지금 실현할 수 없는 것,
갖고 싶지만 가질 수 없는 것에 대한 꿈이다.
이런 의미에서 프로이트는 꿈을
'욕망의 투사'라고 한다.
꿈은 개인만이 꾸는 것이 아니다.
무리, 집단, 부족, 조직체, 민족, 국가, 인류도
꿈을 꾸며 꿈을 이루고자 분투한다.
고대 아테네인들은 신들에게 꿈을 투사하고,
플라톤(Platon)은 아름다운 나라를 꿈꿨다.
괴테의 소설 파우스트(Faust)는
악마에게 영혼을 팔며 '세상의 모든 것'을 갖고 싶어했다.
자연출생이 아닌 인간은 오래전부터 인공적인 존재를 만들었다.
인간은 인간 같으면서도 인간 같지 않은 존재,
인간 보조를 위한 인공 존재를 현실에서 만들려 시도했고
문학에서 그와 같은 인공 존재를 등장시켰다.
지금의 시점에서 보면, 그중에는 AI도 있다.
AI는 인류와 오래된 꿈이었다.

1.
라이징 스타 AI 이전의 AI에 대한 인류의 꿈

옛날 사람들도 지금 우리가 생각하는 AI를 생각했었나요? 궁금하네요.

옛날 사람들은 오늘날의 AI를 생각하지 못했을 것이라고 쉽게 예상될 테지만, 놀랍게도 인공지능과 관련된, 반드시 지금 형태의 인공지능은 아니지만 AI를 꿈꿨었어요. 인간이 오랜 역사 속에서 어떤 창조물을 만들고 그 창조물과 같이 관계하고, 사랑을 나누고, 무엇인가를 함께하려고 하는 이런 꿈들이 있었단 말이죠. 그게 신화에서도 등장하고, 문학작품에서도 등장해요. 인간은 그런 인공물, 게다가 지능을 가지고 대화도 가능한 그런 인공지능의 꿈을, 원초적 인공지능의 꿈을 꾸어 왔어요.

그렇다면, 그러한 인간의 인공지능에 대한 원초적 꿈은 신화나 문학작품에서 어떻게 나타나고 있나요?

인공지능이 인문학의 산물이라는 주장들을 여러 곳에서 발견할 수 있었는데요. 그중에 제일 첫 번째로 꼽는 내용이 그리스신화에 나오는 헤파이스토스(Hēphaistos)가 만들었다는 지금의 로봇 혹은 인공지능의 원초격인 탈로스(Talos)라는 인공물이 있었습니다.

탈로스는 인간을 닮은 청동기계인데, 뭐든지 잘 만들 수 있다는 '대장장이 신'인 헤파이스토스가 이 탈로스라는 청동기계를 만들어서 크레타(Crete) 섬, 휴양지로 아주 유명한 지금의 지중해에 위치해 있

영화 〈아르고 황금 대탐험(1963)〉 중에서

는 곳에 두고, 에우로페를 경호하도록 했다고 합니다. 에우로페는 지금 유럽(Europe)이라는 지역명의 어원이 됐다고 하네요. 이 탈로스가 신화 속에서 나타난 인간이 가졌던 첫 번째 인공지능의 꿈입니다.

그 다음에 두 번째로 제가 찾아본 것은 피그말리온(Pygmalion)의 조각상, 연인 갈라테이아(Galatea)라는 인공물입니다. 피그말리온은 지금의 지중해에 위치한 섬 키프로스(Cyprus)의 조각가로 알려져 있는데요, 이 피그말리온이 자신이 조각한 조각상과 사랑에 빠지게 되는 이야기가 있습니다. 피그말리온이 '미의 여신'으로 우리에게 잘 알려진 아프로디테(Aphrodite)에게 자신이 조각한 조각상을 실제로 여자로 변하게 해달라고 부탁했고, 그 부탁이 실제로 이루어져서 피그말리온이 갈라테이아라는 이름까지 붙여주고 사랑하게 되었다는 신화입니다. 인공물이 사랑의 대상이 된 그런 경우이죠.

자신이 조각한 조각상을 흠모하는 피그말리온

<위키피디아>

혹시 프랑켄슈타인(Frankenstein)도 비슷한 사례라고 할 수 있나요?

그렇다고 볼 수 있습니다. 알다시피 메리 셸리(Mary Shelley)가 1818
년 쓴 과학소설 『프랑켄슈타인』에서 과학자인 프랑켄슈타인은 키
가 무려 240cm나 되는 인공생명체인 프랑켄슈타인을 창조합니다.
프랑켄슈타인과 AI가 비슷한 구석이 있다는 것은 다음과 같은 3가지
의 공통점 때문입니다. 1) 인간에 의해, 인간을 위해 봉사하기 위해
만들었다는 점, 2) 상당한 자율성을 부여했다는 점, 3) 인간이 명백한
의도를 갖고 만든 인공적 창조물이라는 점이죠. 이와 같은 공통점을
기준으로 판단하면, 프랑켄슈타인과 AI는 본질적인 차이가 없는 것입
니다. 단지 인공성이 생물학적 형식을 따랐느냐, 아니면 기계공학적
메커니즘 형식을 따랐느냐와 같은 '형식'의 차이가 있을 뿐인 거죠.
그런데 소설 『프랑켄슈타인』을 읽다 보면 매우 흥미 있는 대목이
있습니다.

James Whale에 의해서 1931년에 제작된 영화 〈프랑켄슈타인〉의 한 장면

🤖 흥미롭다… 어떤 점이 그런 건가요?

💬 바로 "나는 내가 읽거나 엿듣는 대화의 주인공들과 비슷하면서도 아주 다른 존재임을 깨달았소. 나는 그들에게 어느 정도 공감하고 이해했지만 나 자신의 자아 같은 것은 형성되어 있지 않았소"라고 프랑켄슈타인이 말하는 대목입니다. 왜 이것이 흥미롭게 들리냐면, 현재의 AI에서나 셸리의 프랑켄슈타인에서나 인공 존재는 '자의식'을 갖고 있지 못하기 때문입니다.

19세기 초반에 아무리 상상력을 발휘해도 자의식을 가진 인공생명체를 소설의 주인공으로 등장시키지 못했습니다. 현재도 지금의 AI 개발 기술 수준으로는 자의식을 가진 AI를 만들 수 없습니다. 충분히 상상하고 꿈을 꾸고 있지만요. 그런데 기술의 발전 속도로 봤을 때 어느 시점에 그것이 가능한

레이 커즈와일

순간이 온다는 것을 AI 연구 관련 종사자들은 믿고 있습니다. 그 시점을 흔히 특이점(singularity)이라고 부르죠. 미래학자이자 인공지능학자인 레이 커즈와일(Ray Kurzweil)은 그의 저서 『마음의 탄생[how to create a mind: the secret of human thought revealed]』에서 그 시점을 2045년으로 예측했지요.

AI가 등장하는 영화에서도 특이점이 항상 영화 전체를 끌고 가는 핵심 사건이 되잖아요. 가령 기계적 오작동이나 고장 등으로 AI가 '자신이 인간일지도 모른다'거나 '나도 인간이 되고 싶다'는 대사를 던집니다. 다른 경우로는 AI와 주인공 인간이 매우 가까워졌을 때 어떤 공감대가 형성되면서 AI와 인간이 서로를 동료나 친구라고 생각하게 됩니다. 바로 그 시점에 AI가 던지는 대사가 '나도 인간이 되고 싶다'잖아요.

이야기를 듣다 보니 생각난 건데 인공지능 기술을 '로봇'에 적용한 것이 지능형 로봇이라는 것이잖아요. 넓은 의미에서 AI는 높은 수준의 지능형 로봇이라고 할 수 있고요. 그러면 로봇에 대한 이야기가 처음 등장하던 시점은 언제이고 누가 이야기했나요?

우리가 사용하는 로봇이라는 용어는 체코 출신의 극작가 카렐 차페크(Karel Čapek)가 처음으로 사용했어요. 그는 1920년 희곡작품 〈R.U.R. (Rossum's Universal Robots)〉에서 로봇을 스스로 생각할 수 있는 존재로 등장시켜 결국에는 인간을 멸망시키는 결말을 그렸습니다. 이미 1920년대에 로봇 얘기를 하고 있었고, 또 로봇이 인간을 정복할 것이다, 인간을 멸망에 이르게 할 것이라는 지금의 블랙 시나리오를 말하고 있었지요.

로봇이 공장을 파괴하는 연극 〈R.U.R〉의 한 장면

〈위키피디아〉

놀라운 것은 우리가 60년대, 70년대, 80년대 공상과학 소설에서 읽을 수 있었던 이야기를 이미 카렐 차페크가 했고, 또 인공지능과 관련된 미래 진단에서 스티브 호킹(Stephen William Hoking) 박사님이 하고 있는 얘기를 1920년대 작품에서 하고 있었다는 것이 놀라운 따름이죠.

이야기를 쭉 듣다 보니 AI가 현대과학 발전의 지극히 자연스러운 산물이며 '뜬금없이' 만들어진 것이 아니라는 것, 인류의 오랜 꿈이 녹아 있는 대상이라는 생각이 듭니다.

네. 그렇습니다. 어찌 보면 AI는 인류 자신이 진짜 되고 싶은 자기 자신, 그런 존재의 다른 이름이라는 생각이 들기도 합니다. '또 다른 나' 말이죠.

AI 등장 이전의 AI의 인문학적 기원 혹은 전거에 대해 대략적으로나마 이야기를 나누어봤는데 이제부터는 AI를 언제부터 만들려 했고, 만들어왔는지에 대해 알아봤으면 좋겠습니다.

네, 그럴까요?

2.
AI 개발의 역사

🤖 인공기술, 인공지능의 기술은 언제부터 어떻게 개발이 되었는지, 그
개발의 역사에 대해서 알려주세요.

🤖 1955년 무렵 미국의 뉴햄프셔 주, 하노버 시에 위치한 다트머스 대
학의 수학과 조교수였던 존 매카시(John McCarthy)는 당시 '생각하는
기계(thinking machine)'라는 주제에 대해서 관심이 있었습니다. 그래
서, 그 분야를 발전시킬 수 있을 만한 연구진[1]들을 모아서 1955년
여름, 학술회의를 개최하게 됩니다.

인공지능 개발의 역사는 그 다음 해인 1956년 다트머스 대학에서
개최되었던 학술회의에서 '인공지능(artificial intelligence)'이라는 용어
를 공식적으로 사용하고 연구를 지속하기로 이 분야 연구진들[2]과

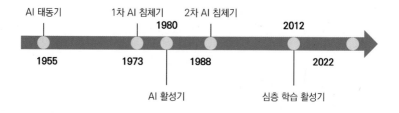

1 여기에 포함된 연구진으로 존 매카시(John McCarthy), 마빈 민스키(Marvin Minsky), 나다니엘 로체스터(Nathaniel Rochester), 클라우드 섀넌(Claude Shannon)이 있다.

2 여기에 포함된 연구진으로 마빈 민스키(Marvin Minsky), 줄리안 비글로우(Julian Bigelow), D.M. 맥케이(D.M. Mackay), 레이 솔로모노프(Ray Solomonoff), 존 홀랜드(John Holland), 존 매카시(John McCarthy), 클라우드 섀넌(Claude Shannon), 나다니엘 로체스터(Nathaniel Rochester), 올리버 셀프리지(Olive Selfridge), 앨런 뉴웰(Allen Newell), 허버트 사이먼(Herbert Simon)이 있다.

1956년 다트머스 학술회의 후 포즈를 취한 AI 연구진들

〈마빈 민스키 제공〉

결의를 하면서 시작된 것으로 여길 수 있겠어요.

인공지능 개발 역사는 초기에 시작될 때 굉장히 붐을 일으켰으나 세간의 사람들의 기대를 부응하지 못해서 침체기(Winter I)를 거치고, 기술적인 발전에 힘입어 활성기를 거치고 또 침체기(Winter II)를 거치면서 발전을 해왔습니다. 이렇게 침체기 그리고 활성기를 거치는 역사 속에서 지금 회자된 '4차 산업혁명', 여기에서 핵심 기술로 인공지능이 자리 잡게 되었는데요.

인공지능 연구자들, 개발자들은 다시 4차 산업혁명에 힘입어 인공지능이 이렇게 많은 사람들의 기대를 한 몸에 받고 있는데, 또 그 기대에 부응하지 못해서 다시 침체기를 맞지 않을까, 그런 우려를 갖기도 합니다. 그렇지만 이런 활성기, 침체기를 거치는 동안에도 꾸준히 인공지능에 대한 인간의 꿈을 지속해왔다는 것이 중요하겠죠.

🤖 인공지능 개발의 역사에서도 여름(Summer, 활성기)이 있었고, 겨울(Winter, 침체기)이 있었다. 상당히 문학적인 표현을 쓰셔서 놀랐는데요. 그렇다면, 인공지능을 어떻게 정의할 수 있나요?

💬 인공지능에 대한 정의도 상당한 논란이나 바라보는 학자들 사이의 다양한 차이점들이 있는데요.
일단 가장 먼저 앨런 튜링이라는 수학자이자 컴퓨터 과학자의 말을 소개하면서 인공지능에 대해서 살펴보도록 하죠.

2.1 태초에 있었다, 튜링기계가

🤖 **앨런 튜링은 어떤 인물인가요?**

💬 앨런 튜링(Alan Turing)은 바로 인간의 꿈인 인공지능을 최초로 현실화한 인물로 꼽을 수 있습니다. 2013년에 개봉된 〈이미테이션 게임(Imitation Game)〉이라는 영화를 보면, 주인공으로 등장한 앨런 튜링에 대해 이해할 수 있습니다.

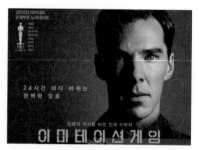

〈이미테이션 게임(2015)〉 영화 포스터

앨런 튜링은 최초의 전자식 암호 해독기를 2차 세계대전 당시 개발해서 독일과의 전쟁에서 연합군이 승리를 이끌 수 있도록 아주 중요한 역할을 했습니다. 독일군은 '이니그마(Enigma)'라고 하는 암호화 기계를 사용하여 작전지시와 같은 군사정보를 주고받았는데, 연합군은 독일군이 보내는 전자신호를 도청할 수는 있었지만 암호화된 암호문을 해독할 길이 없었어요. 연합군은 그 암호를 해독하기 위해서 아주 뛰어난 암호(해독) 학자들의 도움을 필요로 했는데, 앨런 튜링이 컴퓨터의 초기 모델인 암호 해독기를 개발해서 전쟁에서 승리를 이끌 수 있도록 했죠.

이것보다 더 중요한 것, 곧 '튜링이 누구인가'에 대한 대답은 간명합니다. 그는 평생 생각하는 기계, 기계지능을 연구한 사람입니다. 1950년에 발표한 그의 논문인 〈컴퓨터 기계와 지능〉은 AI 연구사에서 기념비적인 논문입니다. 튜링은 한마디로 인공지능의 아버지라 할 수 있습니다. 생각하는 기계에 대한 아이디어를 제시한 사람은 근대 주체의 발견자로서 코기토의 철학자인 데카르트로 알려져 있죠. 그가 사변적 차원의 언급에 그치고 있다면, 튜링은 본격적인 의미의 과학적 설계자이자 역사를 만든 초기 개발자인 셈이죠.

그렇다면, 이 암호 해독기가 최초의 컴퓨터인가요?

암호 해독기가 현실화되기 이전에 튜링은 튜링기계(Turing Machine)라는 추상 기계를 고안해냈는데요, 그 튜링기계를 소개해 드리겠습니다. 튜링기계는 앨런 튜링이 설계한 추상 기계인데요, 말 그대로 추상 기계이기 때문에 현실에 존재하지는 않지만, 이렇게 하면 기계가 '계산(문제해결)'이라는 것을 할 수 있다는 것을 보여주기 위한 계산기를 모델로 한 것입니다. 사람이 정보를 처리하는 과정을 모델링 혹은 형상화한 것이라고 할 수 있습니다.

그러니까 튜링기계라고 하면 전자계산기 개념하고 같다고 이해를 해도 될까요?

네. 전자계산기의 아주 이론적 모델이라고 얘기할 수 있겠습니다.

튜링기계의 구성요소를 잠시 소개해드리면, 첫째가 끝없이 긴 테이프(infinite tape), 그 다음이 그 테이프 위를 오가는 팔(arm)입니다. 이 팔은 긴 테이프 위에 쓰인 문자들이나 기호들을 읽거나 쓸 수 있습니다. 그리고 그 팔이 오갈 때, 정해진 전이규칙(transition rule)이 있습니다. 이 정해진 전이규칙은 현재 읽은 테이프의 내용과 입력 받는 문자 혹은 상태에 따라서 다음 행동을 결정하는 규칙인데요. 즉, 이 전이규칙에 의해서 현재 상태에서 다음 상태가 결정되고, 이 상태들을 옮겨 다니게 되는 것입니다.

컴퓨터과학 분야에서 '문제해결(problem solving)'을 정의할 때 '시작 상태(initial state)'에서 '최종 상태(final state)'로 옮겨가는 그 과정을 문제를 해결한다고 정의해요. 그렇게 봤을 때 튜링기계는 시작 상태, 혹은 현재 상태에 위치해 있고, 현재 상태로부터 계속 입력을 받으면서 옮겨가서 최종 상태에 도달할 수 있는, 즉 문제해결을 그런 방식으로 할 수 있다고 보여주는 오늘날의 컴퓨터의 시초격인 상상 속의 컴퓨터가 되겠습니다.

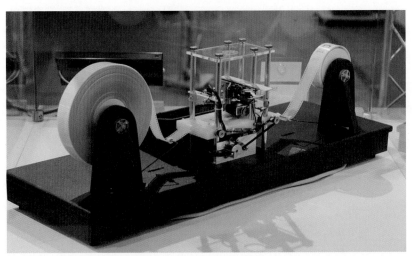

튜링기계의 한 구현 모델

〈위키피디아〉

🤖 시작 상태, 중간 상태, 최종 상태. 그 상태라고 하는 개념이 특별한 기계격인 시점을 말씀하시는 건가요?

🤖 네. 이 상태는 시점일 수도 있고요, 아니면 정지된 시점에서의 다양한 선택지들(options)을 얘기합니다. 물론 시간적인 개념이 사람한테는 굉장히 쉽게 다가옵니다. 예를 들어, 우리가 출발했던 곳에서 여기에 도착하기 위해 거쳐야 될 과정으로는 집에서 역으로 가고, 역에서 기차를 타고 이동을 하고, 또 거기에서 내려서 이 지점까지 이동해 오는 것. 각각의 다른 위치, 이게 바로 상태라고 볼 수 있습니다.
튜링기계도 끊임없이 펼쳐진 테이프 위에 다른 상태들이 존재해서 그 상태들을 옮겨 다니도록 하는 규칙과 팔에 의해서 문제해결을 할 수 있다고 얘기하는 거죠.

🤖 그럼 튜링테스트는 무엇인가요? 많은 사람들이 '튜링테스트, 튜링테스트' 하는 말은 들어봤는데, 어떤 테스트인가요?

🤖 네. 최근에 인공지능이라는 개념이 많이 대중화되면서 같이 언급되는 개념 중에 튜링테스트가 있습니다.
이 튜링테스트(Turing test)는 앨런 튜링이 1950년대에 당시 인공지능이 인간 수준의 지능을 지녔는지, 안 지녔는지를 판별할 수 있는 방법으로 제안한 것입니다. 당시에 논의됐던 담론 자체도 '과연 인공지능이 사람이 생각하는 것만큼 생각할 수 있을까?'라는 것이고, 이 시대의 인공지능에 대해 사람들이 가졌던 질문입니다.

그렇다면 튜링테스트는 어떻게 하는 건가요?

튜링테스트는 심사위원이 2대의 컴퓨터를 사용해서 채팅을 하게 됩니다. 그리고 각 심사위원은 자신과 채팅하고 있는 주체가 누구인지, 즉 사람이 뒤에서 컴퓨터를 통해 채팅을 하는 것인지, 혹은 인공지능이 생성한 대화와 채팅을 하는 것인지 확인을 하도록 합니다. 튜링테스트를 통과하기 위한 인공지능은 사람을 얼마나 속일 수 있는지에 관건이 달린 것이죠.

인공지능이 '생각하는 것이 도대체 무엇인가? 생각이란 무엇인가?'를 한마디로 정의하기 힘드니까 한 가지 방법을 튜링이 고안해낸 것이죠. 이러한 튜링테스트가 '컴퓨터가 생각을 할 수 있는가?'라는 질문에 답을 하는 "한" 방법이 될 수 있겠습니다.

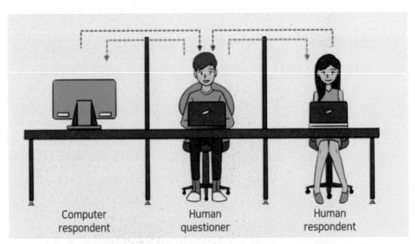

Computer respondent   Human questioner   Human respondent

인간질문자(중간)가 컴퓨터를 통해 컴퓨터(좌)인지 인간(우)인지 모르는 상대와 대화를 나눌 때
컴퓨터를 마치 인간으로 착각할 정도로 자연스럽게 대화를 나눌 수 있을 때 인공지능으로 인정받는 튜링테스트
〈KMOOC 강좌 [AI와 인간의 미래] 자료〉

🤖 튜링테스트는 'AI'를 구분하는 데 적절하거나 충분한 방법인가요? 즉, 동작 방식에는 상관하지 않고 사람처럼 보이면 AI로 판정한다는 것으로 보이는데, 이 튜링테스트가 AI에 유효한 판별법인가요?

💬 최근에 개발되는 인공지능에도 이 테스트를 시도하고 있는데요, 튜링테스트가 1950년대에 개발된 방법이다 보니까 테스트 유효성에 대해서는 조금 논란이 있는 상황입니다. 그 부분은 차후에 한 번 더 논의를 해보도록 하지요.
이제 튜링테스트와 상관없이 인공지능의 기술적인 발전이 있었는데요, 획기적인 이정표를 세운 기술이 바로 슈퍼컴퓨터 딥블루(Deep Blue)입니다.

2.2 튜링기계에서 딥블루로

🤖 딥블루요?

💬 딥블루는 시간제한이 있는 체스 경기에서 그 당시 체스마스터를 이긴 최초의 인공지능 체스 프로그램으로 유명합니다. 1997년, 지금으로부터 20여 년 전 5월 11일, 당시 세계 최고의 체스마스터였던 러시아의 카스파로프(Kasparov)는 IBM 사의 체스컴퓨터 프로그램에 의해서 1승 3무 2패로 패배를 한 사실이 있습니다. 인간 체스마스터(chess master)가 인간이 만든 인공지능에 의해서 패배한 순간이었는데요. 체스에서 보통 인간이 10수(手) 앞을 내다본다고 할 때 딥블루는 12수(手)를 내다본다고 알려져 있습니다.
패배한 인간 체스마스터가 손으로 얼굴을 감싸 쥐고 아쉬워하고 있죠. 인간 체스마스터의 상대방은 딥블루가 제시하는 수(手)에 따라 체스 말을 놓는 방식이었습니다.

인간 체스마스터 카스파로프가 딥블루에게 패배하는 모습을 사람들이 모니터를 통해 지켜보고 있다.

⟨Getty Images⟩

🤖 **사람이 수를 내다본다는 것은 잘 이해가 되는데요, 컴퓨터가 수를 내다본다는 것은 어떤 의미입니까?**

💬 수를 내다본다는 것은 앞으로 펼쳐질 일에 대해서 미리 시뮬레이션을 해본다는 의미입니다. 이 문제는 인공지능 분야의 세부 분야로 '탐색'이라는 주제에 속합니다. 서치(search, 탐색)라고도 하고요. 그래서 탐색하면서 가장 좋은 수를 찾아낸다고 보시면 되겠습니다. 탐색은 사람의 인지능력을 시뮬레이션하는 것인데, 가질 수 있는 모든 경우의 수 중에서 가장 좋은 수를 찾는다는 의미입니다.

앞에서 살펴봤던 튜링기계도 수를 내다볼 수가 있나요?

네, 아주 좋은 질문입니다. 그렇습니다. 이것 또한 앞에서 우리가 살펴봤던 튜링기계를 다시 떠올려서 탐색 문제에 적용해볼 수 있겠는데요. 튜링기계는 아까도 말씀드렸듯이 무한의 테이프가 존재하기 때문에 바로 무한의 다른 상태를 그 테이프 위에 표현할 수가 있습니다. 그리고 앞에서 얘기했던 딥블루가 그런 상태들, 다른 상태들을 탐색해볼 수 있는 능력으로 체스마스터를 이겼듯이, 튜링기계도 동일하게 탐색의 문제를 제한 없이 수행할 수 있는 거죠.

잘 모르는 사람의 입장에서 정리하자면, 딥블루는 알파고의 선 역사라고 할 수 있다! 딥블루 이전에 그 이론적인 모형은 튜링기계다! 결국 중요한 것은 원리는 같은 것이며 단지 연산처리 능력의 차이만 있는 것이다! 맞습니까?

네, 그렇죠. 튜링기계는 계산능력 면에서는 딥블루와 절대 뒤지지 않지만, 현실적으로 주어진 제한시간 내에 수를 찾는 것은 불가능하다 할 수 있습니다. 그래서 지금까지 지속적인 메모리 용량의 향상, 즉 메모리 기술의 발전과 연산 속도의 발전에 힘입어 최근에 처리능력의 획기적인 발전이 있었습니다.

수를 내다본다는 말이 사실 잘 와닿지 않은데요, 예를 들어 설명해 주시겠어요?

네. 그렇다면, 어떤 수를 내다본다는 것을 간단한 예를 들어 설명을 드릴게요. 수를 내다본다고 했을 때 우리가 흔히 이용하는 방법은 각각 경우의 수를 트리(tree) 형태3로 표현을 합니다. 트리 형태는 어떻게 만들어지느냐 하면, 뿌리[root]가 있고, 첫 수에 선택할 수 있는 경우의 수를 가지[branch]로 두고, 각 가지에 대해서 다음 두 번째 수로 선택할 수 있는 경우의 수를 다음 가지로 표현하는 방식으로 트리를 만듭니다. 트리 형태로 표현하고는 마칠 때까지 점수를 계산을 해서 가장 높은 점수 쪽 가지로 수를 더 진행해 가는데요. 이것을 **틱택톡 게임**의 예를 들어 설명해 보겠습니다. 틱택톡 게임은 가로가 세 줄이 있고 세로가 세 칸 있는 표로 생각하면 되는데요. 거기에 동그라미, 가위표를 순서대로 번갈아가면서 표시할 때 누가 제일 먼저 가로나 세로, 혹은 대각선으로 같은 모양을 완성하느냐에 따라서 승리하게 되는 게임입니다. 이것을 가만히 살펴보면 칸이 가로, 세로 3개씩이기 때문에 9수만에 경기가 끝나게 됩니다. 바로 이 9수를 미리 계산해서 미리 내다볼 수 있으면 자기가 어느 칸에 이 수를 놓아야 될지를 결정할 수 있게 되는 거죠. 수를 내다본다고 했을 때 보통 컴퓨터에서 이런 트리를 만들어서 바로 9수를 다 가본 다음에 가장 최적의 높은 점수를 얻는 쪽으로 다음 수를 가게 되는 것입니다.

설명 그림은 뿌리가 6째 수에서 시작하고 있고, X가 둘 차례라는 것을 말하고 있어요. 여기서, 7째 수는 3가지 경우가 있어요. 왜냐하면, 놓을 수 있는 자리가 3곳만 남았거든요. 그래서, 3가지를 만들어서 트리를 성장시킵니다. 8째 수는 각 가지에서 2가지 경우의 수를 가집니다. 마찬가지 이유로 각 가지마다 둘 수 있는 칸이 2곳씩만 남거든요. 다른 점은 이번에는 O의 차례라는 점입니다. 이렇게 진행하다 보면 몇몇 가지들은 더 이상 진행할 수 없게 되는 잎

---

3 우리말로 번역하면, 수형도(樹型圖)라고도 하며, 주로 나무뿌리에서 가지가 뻗어나간 모습을 거꾸로 뒤집어 놓은 그림을 뜻한다.

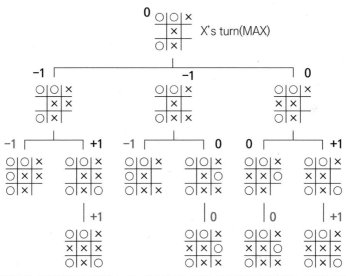

틱택톡 게임의 한 상태(최상)에서 선택할 수 있는 여러 가능한 상태를 트리 형태로 보여주면서 수(手)를 내다보는 것을 표현하고 있다.

〈Lewis Matos의 GitHub 사이트〉

[leaf]으로 변하게 되는데, 그 이유는 게임이 끝나기 때문입니다. 즉, O가 이기든, X가 이기든 누군가가 먼저 가로, 세로, 대각선으로 같은 모양을 만든 경우인데요. 이때, 잎에 점수가 매겨지게 되고 가지의 점수는 같은 수의 잎이나 가지의 최솟값으로 점수가 거꾸로 채워지게 됩니다. 예를 들어, 설명 그림의 푸른색 값은 잎의 점수이고 검은색 값은 하위 가지나 잎의 최솟값으로 결정된 가지의 점수를 뜻합니다. 이러한 점수 산정은 아래쪽에서 위쪽으로 거꾸로 진행된다는 사실에 주목하세요. 그렇게 모든 가지와 잎의 점수가 다 매겨졌을 때, 6째 수에서 7째 수를 둘 차례인 X는 가능하면 높은 점수 쪽으로 수를 두어가는 것이 이길 가능성이 가장 높은 길을 택하는 것과 같죠. 즉, 여기서는 최악의 경우, −1의 승점을 가질 수 있는 앞의 두 경우의 수보다는, 최악의 경우 0의 승점을 가질 수 있는 제일 마지막 수를 두어야 최소한 비길 수 있겠죠.

😀 **9수의 승부사군요?**

😃 네. 우리가 이런 방식을 규칙 기반의 인공지능이라고 합니다. 예를
들어, 내가 이기면 +1점, 상대방이 이기면 -1점으로 규칙을 정하
고(게임이 마쳤을 때의 승패에 따른 점수), 차례차례 그 사이의 수들을 최
악의 상황으로 점수를 매겨서 전체 9수를 다 뒀을 때 어느 수가 가
장 좋은지를 찾을 수 있습니다. 물론 그 전에 게임이 끝나는 수도
있을 것입니다. 어쨌든, 이런 방식으로 체스를 둬서 체스 말이 움직
일 수 있는 모든 경우의 수를 따져보고 거기에서 제일 좋은 수를
골라내는 방식으로 딥블루가 인간 체스마스터를 이겼던 거죠.

2.3 딥블루에서 왓슨으로

😀 **그럼 왓슨은 무엇인가요?**

😃 네. 잘 언급해주셨습니다. 왓슨(Watson)은 같은 아이비엠(IBM) 사에서
개발한 인공지능 컴퓨터인데요. 2011년 제퍼디 쇼(Jeopardy Show)라
고 하는 미국에서 개최되는 퀴즈쇼가 있었습니다.
여기에서 인간 상대를 물리치고 최고 상금을 딴 인공지능 컴퓨터입
니다. 이 컴퓨터의 특징은 바로 자연언어를 이해하고 답할 수 있는
인공지능 컴퓨터라는 점입니다. 자연언어(natural language)라고 하니
까 조금 어색하게 들리는 분도 계실 수 있는데요. 이 자연언어는
컴퓨터 언어에 대비되는, 기계어(machine language)에 대비되는 사람
이 사용하는 언어입니다. 사람이 일상적으로 사용하는 말을 이해하
고 거기에 답할 수 있는 컴퓨터라는 것이죠.
인공지능 왓슨도 앞에서 살펴봤던 수를 읽는, 혹은 예측하는 방식
과 크게 다르지 않습니다. 조금 다른 표현으로, 떨어져 있는 이산

퀴즈 경연대회인 제퍼디 쇼에서 우승을 차지한 IBM 사의 왓슨 컴퓨터

〈KMOOC 강좌 [AI와 인간의 미래] 자료〉

상태4를 탐색해가면서 가장 최적의 길을 찾아가는, 그런 문제를 해결하는 방식의 컴퓨터가 바로 인공지능 왓슨이 되겠습니다. 즉, 앞 틱택톡 게임 예에서 한 수 한 수를 진행할 때, 그 경기의 승패 점수인 (1, 0, −1)5이 수(手)와 수(手) 사이의 이동에 가중치(weight)로 존재하듯이, 이산 상태 간에 이동할 때 가중치가 정의되어 그 가중치의 합이 최대 혹은 최소가 되는 쪽으로 최적의 경로를 찾는 방식입니다.

우리는 아침에 일어나서 출근이나 등교 준비를 하기 위해서, 건강을 위해서, 다양한 선택을 하죠. 예를 들어 아침에 일어나서 빵을 먹을지 아니면 밥을 먹을지 선택을 하고요, 그다음에 나와서 버스를 탈지, 아니면 택시를 탈지 같은 다양한 선택들을 하게 되는데요. 어떤 것을 선택하느냐에 따라서 우리는 다른 결말을 얻게 됩니다. 각각의 다른

---

4 상태라는 말은 이미 앞에서 '컴퓨터나 사람이 다양한 선택을 할 수 있을 때 그 선택들 중 각각의 선택'으로 설명을 했다. 이산(discrete)이라는 것은 연속(continuous)에 반대되는 개념으로 연속적이지 않고 떨어져 있다는 의미이다. 이산 상태의 대표적 예는 추상적인 개념이며, 틱택톡의 예에서 각 칸에 모양을 하나씩 그려나갈 때의 모든 경우의 수가 이산 상태들이다.

5 여기서, 1, −1은 승, 패를 의미하고, 0은 무승부를 의미한다.

아침에 무엇을 먹을지(좌) 무엇을 탈지(우) 각각 다른 상태를 표현하고 있다.

〈KMOOC 강좌 [AI와 인간의 미래] 자료〉

선택을 우리는 변수라고 명명합니다. 즉, 우리의 예에서, 아침에 일어나서 어떤 식사를 할지에 대한 '아침식사유형' 변수(X), 어떤 교통수단을 이용할지에 대한 '이동수단' 변수(Y) 등으로 이해할 수 있습니다. 이 변수들이 가질 수 있는 다양한 값, 즉 아침식사유형에 있어서는 '밥'(X(밥)) 혹은 '빵'(X(빵)) 등이 있을 수 있고, 이동수단에 있어서는 '버스'(Y(버스))나 '택시'(Y(택시))로 이해할 수 있습니다. 이 값을 계속 유지해가면, 변수들의 다양한 값들의 조합이 바로 개별 상태가 됩니다. 즉, 무슨 얘기냐 하면 아침에 우리가 일어나서 빵을 먹고 그 다음에 버스를 타는 것과 아침에 빵을 먹고 지하철을 탄 것. 이것은 다른 상태가 되는 거죠. 그 다음에 아침에 밥을 먹고 버스를 탄 것과 밥을 먹고 지하철을 탄 것, 이 네 가지는 다 다른 상태, 네 가지의 다른 상태를 표현한다고 할 수 있겠습니다.

이것을 집합으로 표현하면,

식사메뉴 = {빵, 밥, …}, 교통수단 = {버스, 지하철, …}
식사메뉴 X[6] 교통수단 = {(빵, 버스), (빵, 지하철), (빵, …), (밥, 버스), (밥, 지하철), (밥, …), (… , …)}

---

6 집합론에서는 곱집합(곱集合, 영어: product set, product) 또는 데카르트 곱(Descartes곱, 영어: Cartesian product 카티션 프로덕트)이라고도 한다.

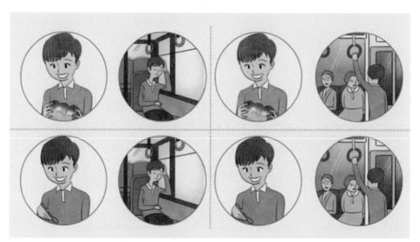

각각의 선택들은 다른 상태들을 만들어 내고 이들 다른 상태들은 또 다른 선택들의 결정에 영향을 주고받는다.

〈KMOOC 강좌 [AI와 인간의 미래] 자료〉

바로 인공지능 **왓슨**은 자연어로 표현된 다양한 상태들을 컴퓨터로 표현을 하고 그 다양한 상태들을 다 점검해보는 거죠.

예를 들어, 제퍼디 쇼에서 "미합중국의 초대 대통령은 누구입니까?"라는 질문이 들어왔을 때, 일단 자연어처리 기법 중 형태소 분석 및 구문분석이라는 것을 통해서 주어와 동사, 그리고 그 의미를 파악하게 됩니다. 그런 다음, 지식베이스에서 이에 해당되는 지식을 탐색(search)하게 됩니다. 이미 지식베이스에 미합중국의 대통령들에 대한 table들이 트리 형태 혹은 리스트 형태로 구축되어 있고, 여기서 가장 적합한 상태를 찾아가는 것으로 문제를 해결합니다. 이 부분이 앞에서 살펴본 수를 탐색하는 과정과 유사합니다. 즉, 자연어로 표현된 질문의 의미를 파악하고 그에 적절한 트리를 찾아 탐색하는 형식이 왓슨이 수행하는 방식입니다.

미합중국의 초대 대통령은 누구입니까?(Who is the first president of the United States of America?)

구문분석7 → [S Who [S[VP is [NP[NP [NP the [ADJP first] president] [PP of [NP the United States]]] [PP of [NP America]]]]]]

구문트리8 →

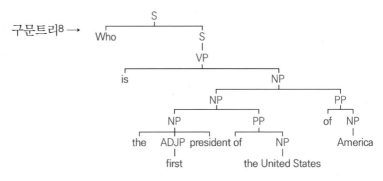

'Who is the first president of the United States of America?'
문장의 구문을 분석하여 시각화한 구문 트리

이러한 구문분석을 통해 컴퓨터는 자연언어에서 "미합중국의 초대 대통령이 누구인가?"를 사람이 이해하는 것과 같이 이해하고 지식 베이스를 탐색하여 답을 알려줍니다. 물론, 구문분석 후에도 '의미 분석', 지식베이스 탐색을 통한 추론, '응답문 생성' 및 '응답문 출력'이라는 과정을 거쳐서 답을 제시하게 됩니다. 이러한 과정 속에 이산 상태들을 옮겨다니면서 어떤 단어들로 답안 문장을 작성하는 것이 최적인지를 찾아내는 많은 탐색의 과정들이 그 속에 포함되어 있습니다. 이러한 분야는 인공지능의 자연어 처리 분야에서도 "질의응답(QA: Question Answering)"에서 상세하게 다루어지고 있으며, 왓

---

7 카네기 멜론 대학의 구문분석도구를 활용하였다. https://www.link.cs.cmu.edu/link/submit-sentence-4.html
8 Miles Shang의 온라인 구문 분석 트리 생성도구를 활용하였다. http://mshang.ca/syntree/

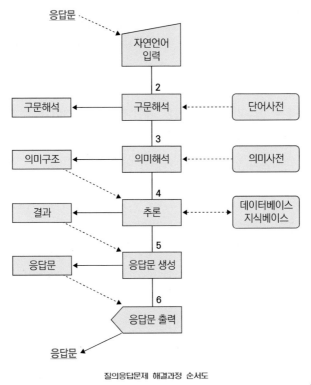

질의응답문제 해결과정 순서도

〈AIStudy.com〉

슨은 이러한 규칙 기반과 기계학습 기반의 접근법을 사용해오고 있습니다.

🤖 **말씀대로라면 착한 왓슨, 멋있는 왓슨은 변수를 잘 계산하는 그런 왓슨이고, 좋지 않은 왓슨, 능력이 없는 왓슨은 변수 예측, 계산의 정확성이 떨어지는 왓슨인 것이죠?**

💬 네. 바로 그렇습니다. 좋은 왓슨, 좋은 컴퓨터라는 것은 예측이 좋고 우리가 원하는 결말로 이 상태를 탐색해 가느냐, 혹은 그렇지

않고 다른 결말로 예측을 하느냐에 따라서 좋은 컴퓨터 혹은 그렇지 않은 컴퓨터로 구분할 수 있겠습니다.

딥블루는 점수가 정해져 있는 게임에서 이긴 것이고, 왓슨은 사람의 언어를 이해하는 컴퓨터인데, 어떻게 둘이 비슷하다고 말씀하실 수 있나요? 사람의 언어와 점수 계산이 어떻게 같은가요?

여기에서 우리가 한 가지 생각해야 될 굉장히 중요한 개념은 우리가 사용하는 언어의 본질적인 개념입니다. 언어의 본질은 바로 약속이라는 개념입니다. 즉, 앞에서 예를 들었던 틱택톡은 어느 선택을 하느냐에 따라서 플러스 점수와 마이너스 점수가 정해지는데, 그런 예도 있지만 우리가 플러스와 마이너스를 명확하게 구분할 수 없고 둘 사이의 어떤 연관성을 약속하는 문제들도 많이 있다는 거죠.

예를 들어서 '사람은 웃는다'라는 것은 사람에게 있어서 고유한 특성이죠. 예를 들어 '동물이 웃는다' 그러니까 동물과 웃는다는 상징의 연결은 의인화한 작품에서나 문학작품에서나 있을 법한 일이지 현실에서는 잘 맞지 않는 약속인 거죠. 그래서 핵심은 뭐냐 하면 이렇게 우리가 취할 수 있는 경우의 수가 많지만 그 속에서 우리가 약속에 의한 것이라든지 아니면 원리에 의해서 탐색공간(search space)을 줄여가는 것이 인공지능 기술에서의 핵심이라고 말씀드릴 수 있겠습니다.

왓슨조차도 계산해낼 수 없는 경우의 수가 있다고 가정해야 되겠죠.

네. 그런 것들은 나중에 살펴볼 기계학습이라는 테크닉에 의해서 우리가 해결을 할 수가 있습니다.

2.4 드디어… 인공신경망 기반 알파고

🤖 저희가 튜링테스트, 또 딥블루 얘기를 했었는데, 딥블루가 결국 알파고의 선 역사다, 이런 말씀도 나눴습니다. 그럼 알파고는 이세돌을 도대체 어떻게 이겼을까요?

💬 알파고(AlphaGo)[9], 2016년 3월에 우리 한국뿐만 아니라, 전 세계를 떠들썩하게 만들었던 대결이었죠. 알파고는 기계학습 기반의 인공지능 컴퓨터로서 딥마인드(DeepMind)라는 회사에서 개발했습니다. 앞에서 살펴봤던 딥블루나 왓슨의 목표[10]는 계속 유지를 하는데, 조금 방법은 다르다고 할 수 있겠습니다. 왓슨도 최근에는 모델 기반의 기계학습법을 사용한다고 얘기를 하고 있습니다.

모델 기반이라는 것은 현상 속에서 다양한 사실로부터 개념들 간 관계를 규정짓는 것을 모델이라고 합니다. 추상적으로 개념들을 정의하고 그 개념들 간 관계성을 구조화해서 하나의 시스템 역할을 하도록 만든 것이 모델이라고 할 수 있는데요.

모델 기반의 기계학습법이라는 것은 지금 살펴볼 알파고, 즉 인공신경망 기반의 딥러닝 접근법인 알파고와는 조금 다르다고 할 수 있겠습니다. 말씀을 드리자면 알파고는 모델 기반에서 좀 더 일반화된 기계학습 방법입니다. 즉, 이것은 다양한 가능성들을 포함해서 더 많은 가능성들을 탐색할 수 있는 기술적인 발전이 담겨져 있는데요, 지금까지 모델 기반이라는 것은 어느 한 모델(구조)을 정해서 그 모델 내에서 어느 변수의 어느 값을 선택하는 것이 좋은지를 탐색하는 것이었다면, 알파고는 모델조차도 일반화해서 어느 모델

---

9 Go는 '바둑'의 영어식 표현이고, Alpha는 그리스어 자모의 첫 글자로, 영어의 A에 해당하고, '으뜸'의 의미이다.
10 탐색공간을 탐색하면서 최적의 경로를 찾는다는 인공지능 탐색의 목표를 말한다.

2016년 3월에 있었던 이세돌과 알파고의 대국 한 장면. 이세돌은 알파고를 상대로 한 5번의 대국에서 1승을 거두었다.
〈딥마인드 홈페이지〉

이 좋은지를 찾는 방식이라고 할 수 있을 것이다.

왓슨의 경우 모델을 만드는 주체는 누구냐? 바로 알고리즘을 만드는 사람입니다. 알고리즘을 만드는 사람이 좋은 모델을 왓슨이라는 컴퓨터 소프트웨어에 심어 놓고 그 모델의 가중치를 경험을 쌓아 놓은 학습 데이터로부터 학습의 개념을 통하여 찾아가는 방식입니다. 하지만, 알파고는 사람의 전문가적인 노력이 왓슨보다는 훨씬 덜 들어가고, 알파고가 스스로 좋은 모델을 찾아가도록 하는 방식입니다. 약간의 차이는 있겠습니다.

모델 기반과 신경망 기반의 차이는 학습 능력의 차이라고 볼 수 있는 건가요?

네. 쉽게 비유하자면 이런 식이라고 할 수 있겠죠. 예를 들어서 어떤 학생이 있습니다. 학생이 학습 능력이 좋아요. 좋은 선생님이 가르쳐 주는 것(선생님의 좋은 학습법)을 아주 잘 습득하는 학생이에요. 다른 학생은 자기 스스로 자기 주도로 이렇게도 해보고, 저렇게도 해보고 또 스스로 다양한 학습법을 점검해서 그중에 좋은 학습법(학생이 발견한 학습법)을 습득하는 그런 학생 유형이 있다고 한다면 전자는 왓슨형, 후자인 스스로 좋은 모델을 찾아가는 방식은 알파고형이라고 볼 수 있습니다.

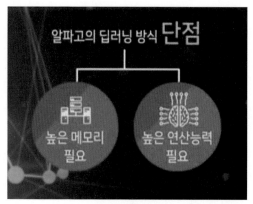

딥러닝 방식의 단점
〈KMOOC 강좌 [AI와 인간의 미래] 자료〉

그렇지만 알파고도 단점이 있습니다. 후자의 학생의 예에서 볼 수 있듯이 이 학생은 끝까지 이 학습법이 좋을지, 저 학습법이 좋을지를 탐색할 수 있는 에너지와 인내심이 필요하겠죠. 마찬가지로 알파고에서 취하는 인공신경망 기반의 기계학습 방법이라는 것은 아주 많은 탐색공간을 기본 전제로 하기 때문에 아까 말씀드렸던 메모리와 연산능력이 더 뛰어나야 한다는 단점이 있습니다. 우리는 이세돌과 대결했던 알파고 그 후면에는 1,000대의 컴퓨터, 즉 연산능력 면에서 아주 많은 연산을 할 수 있는 장치들[11]을 가지고, 그 뒤에서 연산을 했다는 사실을 알고 있습니다. 이와 같이 알파고는 왓슨보다는 더 일반화된 문제해결법을 찾으려고 노력하는 인공지능입니다.

알파고가 사용하는 인공신경망 기반의 기계학습은 요즘 많이 거론되고 있는 딥러닝 방식을 취하고 있습니다. 가장 대표적인 예가 구글(Google)이 딥러닝을 사용해서 고양이를 인식한 방법입니다.

구체적으로 무슨 얘기인가요?

구글이 2012년, 1,000대의 컴퓨터를 사용을 하고 1,000만 개의 유튜브 동영상 이미지로부터 기계학습하는 방식을 취해서 스스로 고양이 장면을 인식하게 되었다는 기사[12]입니다.

이렇듯 딥러닝이라는 것은 스스로 다양한 방법을 취해보고 이것이 고양이일지, 아닐지. 고양이 이미지를 고양이로 선택하는 것과 고양이 아닌 이미지를 고양이로 선택하는 것. 혹은 고양이 아닌 이미지를 고양이로 선택하는 것. 혹은 고양이 아닌 이미지를 고양이가 아니라고 선택하는 것. 이런 다양한 선택에 있어서 취했을 때 선택이 옳았는지, 옳지 않았는지를 스스로 학습할 수 있게 한다는 것입니다.

---

11 Multicore CPU와 GPGPU라고 불리는 고속연산장치를 가지고, 소형 슈퍼컴 수준의 연산을 수행할 수 있다.

12 Liat Clark, Google brain simulator identifies cats on YouTube, *Wired*, 26.06.2012, https://www.wired.co.uk/article/google-brain-recognises-cats

딥러닝 방식

다(심)층 인공신경망(multi/deep layer artificial neural network)

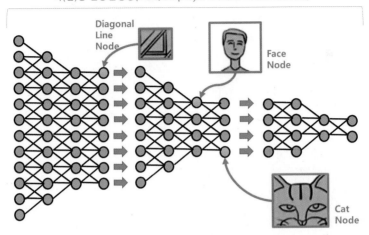

다층 인공신경망을 이용하여 고양이 영상으로부터 고양이를 인식하는 딥러닝.
여기서, 딥(deep)은 신경망의 층(layer)이 많다는 의미이다.

〈KMOOC 강좌 [AI와 인간의 미래] 자료〉

2.5 알파고에서 생각하고 느끼는 인공지능으로

지금까지 튜링테스트, 왓슨, 알파고 그 외의 역사들에 대해서 대략 알
아봤는데요. 지금까지의 인공지능 기술, 어디까지 왔고 앞으로 어떻게
발전할 것인지 많은 사람들이 예상을 하고 있습니다만, 교수님은 어떻
게 보시나요?

인공지능이 사람의 기대에 부응할 정도로 기술이 발전할 것인가?
그렇지 않을 것인가? 여기에 많은 관심들이 있는 것 같은데요.
튜링테스트에서도 밝히고자 하는 것이 인공지능이 사람이 생각하는
것 같이 생각을 하는가? 그렇지 않은가?를 보는 건데요.

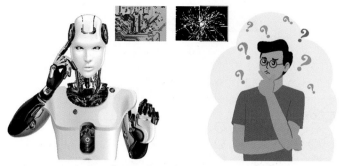

스스로 생각하는 인공지능(좌)과 사고하는 인간(우)

생각이라는 것을 기술적으로 표현을 하자면, 현실에서의 개념들을 컴퓨터상의 변수로 표현을 하고 그 변수들이 가질 수 있는 상태 값 표시를 한 다음에 그 개념들과 연관을 짓는 거죠. 그 다음에 시작 상태부터 우리가 관계 맺고자 하는 끝 상태로 진행을 하고 그 결과를 다시 언어, 약속으로 표현해낸 것인데요.

알파고의 고양이 인식을 예로 들자면 입력이라는 것은 영상입니다, 이미지(image). 고양이 영상이 담고 있는 빛깔, 색깔에 관한 것이 적록청(RGB: Red Green Blue) 값일 수도 있고요. 그렇게 해서 입력을 받은 다음에 하는 작업은 예를 들어, 그 속에 색깔은 주로 어떤 색깔(color)인지, 색깔의 차이에 의해 만들어지는 선(line) 성분이 있는지, 고양이 무늬(textural) 성분이 있는지를 먼저 찾아내고요, 그것과 연관을 시키는 거죠.

즉, 우리가 픽셀이라는 표현하는 색깔 변수 레이어(layer, 층)와 선 성분에 해당하는 변수 레이어, 무늬 변수 레이어, 모양(shape)에 관련된 변수 레이어. 고양이인지 아닌지, 혹은 고양이가 포함되어 있는지 아닌지에 대한 최종 변수 레이어. 이렇게 다양한 변수들을 컴퓨터에 표현하고 그것과의 관계성들을 연결해가는 것13을 인공지능의

13 연결은 한 층의 인공뉴런(neuron) 변수의 출력과 다음 층의 인공뉴런 변수의 입력 사이에 가중치 형태로 존재하

생각으로 표현할 수 있는 것이죠.

🤖 그것이 생각이라고 말할 수 있습니까? 단순히 구글에서 천만 건의 동영상을 확인하는 과정을 통해 고양이를 찾는 것은 개념과 대상의 일치성을 확인하는 과정이지 않습니까? 그리고 이것이 대단히 기계적인 과정인데, 이러한 기계적인 활동 자체를 생각이라고 얘기할 수 있나요? 이것은 계산이라고 하는 개념에 사용하기에도 썩 적절한 것 같지도 않고, 그렇다고 해서 생각이라고 얘기하기에도, 생각이라는 개념으로 포괄하기에도 뭔가 적절하지 않다는 느낌인데요.

💬 아직까지 우리가 기대하는 생각 속에 포함된, 우리 언어의 '생각'이라는 단어 개념 속에 포함된 다양한 속성14들을 다 표현하지는 못할 수 있습니다.

그렇지만 아까 고양이의 예에서 봤던 것처럼 이것의 인사이트(insight), 직관이나 우리에게 주는 통찰은 관계성들을 약속 짓는 거죠. 약속을 짓고 우리가 각각의 개념들 간 연결을 어떻게 학습하느냐에 따라서 컴퓨터로 하여금, 기계로 하여금 고양이라는 잘 알지도 못하는 개체를 구분해낼 수 있는 것을 훈련시킬 수 있다, 학습시킬 수 있다는 측면에서 의의가 있는 것입니다.

며 가중치가 0이면 두 뉴런은 연결이 없으며, −n이면 음의 관계로, +n이면 양의 관계로 연결된다.

14 이에 관하여는 이 책의 '철학적 측면에서의 지능'에서 좀 더 자세히 설명한다.

🤖 **지금 말씀하신 고양이의 사례를 해결하는 딥러닝이 과연 생각을 만들어낼 수 있을까요?**

🤖 여기에 대해서는 약간 주관적인 입장 차이가 있을 수 있는데요. 알파고에 대해 우리가 생각해볼 수 있겠습니다. 알파고가 이세돌을 이겼을 때 과연 알파고는 생각을 하고 바둑을 둔 것일까? 그렇지 않고 알파고는 이기는 승률에 더 근접한 수들을 기계적으로 계산해내는 방식으로 경기를 한 것인가? 이것에 대한 전문가들의 입장 차이는 있다고 볼 수 있겠습니다.

🤖 **그러면 이 얘기는 여기까지 하고, 과연 인공지능이 감정을 가질 수 있을까? 인공지능 기술은 느낌을 어떻게 처리할 수 있을까? 이게 굉장히 궁금합니다.**

🤖 약간 비약이 있을 수도 있지만 아까 기본적인 연산처리 능력 혹은 상징과 실체를 연결하는 방식의 접근법을 활용을 해서 느낌이라는 symbol, 우리가 언어로 표현할 수 있으면 그게 '슬프다', '기쁘다', 혹은 '화가 났다' 이런 형태의 언어로 표현이 되는데요.
언어와 감정을 가졌을 때 행동으로 표현될 수 있는 말, 표정, 액션(action) 이런 것들과 연관을 짓는 거죠.
어떤 행동을 보이고, 말을 하고, 표정을 보였을 때 '저 실체가 지금 어떤 느낌에 있다'고 관계를 짓는 방식으로 인공지능이 느낌을 학습하고 표현할 수 있는 거죠.
소프트뱅크(Softbank)라는 다국적 회사는 인공지능 로봇 페퍼(Pepper)를 공급하고 있습니다. 이 페퍼 로봇은 사람의 감정을 느끼는 컴퓨터로서 고령자들과 서로 감정을 주고받기 위해서 개발된 감성 로봇이라고 할 수 있습니다. 이 페퍼가 사람의 느낌 혹은 감성을 느끼고 공감할 수 있는 그런 예라고 볼 수 있습니다. 생각을 처리할 때의 상징(symbol)이 감정과 관련된 상징으로 바뀌었을 뿐, 처리과정 및 방식은 유사합니다.

앞서 우리가 논의했던 생각할 수 있는 컴퓨터의 예로는 최초의 인공지능 컴퓨터 프로그램으로 알려진 유진이 있습니다. 유진 구스트만(Eugene Goostman), 이 컴퓨터는 튜링테스트를 통과한 최초의 인공지능 컴퓨터라고 알려져 있는데요.

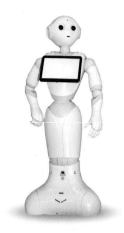

소프트뱅크의 인공지능 로봇, 페퍼
〈Getty Images 제공〉

사람처럼 생각하며 대화를 나누는 컴퓨터 프로그램 '유진 구스트만'은 세계 최초의 인공지능으로 인정받으며 인간 같은 로봇에 한발 다가섰습니다. 유진은 인공지능 판별 기준으로 알려진 튜링테스트를 통해서 그 능력을 인정받았습니다. 30명의 심사위원과 5분 동안 대화를 나눈 결과 3분의 1로부터 진짜 인간이라는 판정을 받은 겁니다.

세계 최초로 튜링테스트를 통과한 인공지능으로 알려진 유진 구스트만
〈PrincetonAI〉

그렇지만 튜링테스트에 대한 약간의 논란성이 지금 현재 여전히 있는 상황입니다. 일부 전문가들이 이 테스트 결과에 의문을 제시하기 시작했습니다. 잘 만든 채팅 로봇만으로도 운만 따라주면 튜링테스트를 통과할 수 있다는 겁니다. 실제로 유진은 채팅 로봇처럼 단어의 조합으로 이루어진 대화 세트를 이용합니다. 관련된 대화 세트들을 무수히 만들어 놓고 거기 들어오는 문장을 해독을 해서 가장 근접한 대답을 해주는 겁니다. 보는 사람 입장에서 보면 굉장히 멋진 대답이 돌아온다고 느낄 수는 있지만, 사실은 그게 컴퓨터에 인간과 같은 사고하는 능력이 있느냐하고는 별개의 문제입니다. 한 전문가는 튜링테스트 자체에 의문을 제기했습니다. 60여 년이 지난 튜링테스트가 21세기의 인공지능 판별 기준으로는 적합하지 않다는 겁니다. 이미 애플의 시리와 같은 프로그램이 튜링테스트의 수준을 훨씬 뛰어넘었기 때문입니다. 유진이 첫 인공지능 판정을 받았지만 기술의 진보를 고려할 때 조금 더 강화된 기준 마련이 필요해 보입니다.

커즈와일(Ray Kurzweil)이라는 미래학자 혹은 컴퓨터 과학자가 말하고 있는 생각하고 느끼는 인공지능 컴퓨터에 대해서 말씀을 드리자면, 커즈와일은 튜링테스트를 통과하는 인공지능 컴퓨터가 2029년경에 나올 거라고 예견을 하고 있습니다. 그런데 앞선 유진 구스트만의 튜링테스트에 대해서는 인정하지 않으려는 반응을 보였습니다.

2029년이 됐든, 2045년이 됐든 학자마다 다 기준이 다른데, 사실 별로 중요한 얘기가 아니겠죠. 어찌됐건 논란이 있는 속에서도 생각하고 느끼는 인공지능의 현실화가 점점 다가오고 있는 상황이라고 볼 수 있습니다.

🤖 기술의 가속 법칙에 근거해서 볼 때 만약 인공지능과 인간이 대결을 한다면 그 결과는 어떻게 될까요?

💬 상당히 어려운 질문인데요. 제퍼디 쇼에서 이미 왓슨 컴퓨터가 인간 대결자들을 이겼고요. 그다음에 감성을 나누는 페퍼가 점점 발달을 하게 된다고 가정을 하고, 튜링테스트를 통과한 유진 구스트만 인공지능 컴퓨터가 사람과 대화해서도 구분을 못할 정도로 더 발달을 하게 된다고 한다면 로봇이 혹은 인공지능이 생각에서건, 느낌에서건 인간의 한계를 넘어서는 것은 시간이 문제라고 생각이 됩니다.

🤖 그렇군요. 교수님의 얘기가 많은 의문을 갖게 하네요. 도대체 생각한다는 게 무엇인지, 감성, 느낀다고 하는 것이 무엇인지, 로봇이 느끼는 것과 인간이 느끼는 것, 로봇이 생각하는 것과 인간이 생각하는 것. 정말 질적인 차이가 없는 것인지 굉장히 궁금합니다.

💬 다음 시간에 이것에 대해서 좀 더 깊이 있게 설명을 해 드리겠습니다.

인간의 '생각'과 AI의 '생각'

한국에서
고등학교나 대학을
나온 사람들 중에
'나는 생각한다 고로 존재한다'는
말을 못 들어 본 사람은 거의 없다.
이 말은 근대적 주체, 곧 독립적으로 생각하는
개별적 인간 탄생의 선언과 같은 테제이다.
이 테제는 자신이 스스로 정보, 지식, 세상에 대한 앎을
분명하게 판단하고 살아야 비로소 한 사람의
인간으로 살 수 있다는 실존적 의미를 담고 있는 말이다.
또한 이러한 생각은 중세의 터널을 막 벗어나기 시작한
근대인이 가졌던 소망이자 철학적이며 동시에
문화적인 슬로건이었다. 사실 오늘날 데카르트로 대변되는
근대적 주체의 소망이 성취되었다고 보기 어려운 구석이 너무 많다.
사람들은 미디어에 의존하고, 대중스타와 권위자, 타자의 생각과 말에
의존하며 산다. 독립적인 사고도 없고 자율적인 행동도 힘들어 하는 우리들은
'생각하는 것'이 무엇인지 한번 깊이 생각해봐야 한다. AI도 생각을 한다는데…
어느 날, 생각하는 AI의 생각과 판단과 명령에 복종해야 하는 날이 온다면…
그때 사람들은 무슨 생각을 하게 될까?
미래의 생각하는 AI를 간단히 제압하기 위해 여행 셋째 날,
오늘은 '인간의 생각과 AI의 생각'을 생각해 봅시다.
생각!

1.
인간에게 '생각한다'의 의미

🤖 교수님! 우리가 생각하고 느끼는 인공지능에 대해 잠시 이야기를 나눴는데요. 아무래도 인공지능이 느끼는 것과 인간이 느끼는 것, 인공지능이 생각하는 것과 인간이 생각하는 것이 같은지, 아니면 다른지, 혹은 같고도 다른 면이 있는 것인지 궁금합니다.

💬 먼저 생각에 대해서 말해보죠. '생각한다는 것'이 무슨 말일지… 왠지 하나하나 알아가야 할 것 같은 느낌입니다. 왜냐하면 공상도 생각이고, 망상도 생각이고 또 논리적인 생각도 생각이라고 할 수 있을 것 같아서요. 제가 지금 생각의 종류에 대해 말하는 것 같기도 한데…

🤖 '생각한다는 것'의 의미를 알기 쉽게 정의를 한다면요?

💬 안개 속에서는 사물이 잘 식별이 안됩니다. 그러면 사물의 대해 사물의 모습이나 본질과 다르게 임의로 생각하게 되는 경우가 많죠. 지금 우리가 생각이 무엇인지에 대해 질문을 던졌습니다. 과연 생각한다는 것이 무엇인가? 함께 생각해 보도록 합시다. 소크

소크라테스

라테스가 한 일은 학생들과 동료 철학자와 철학적 문제와 인생의 문제에 대해서 같이 생각해 보는 일이 거의 전부라고 할 수 있어

요. 같이 생각하는 목적은 간단합니다. 철학적 질문이나 인생의 문제에 대한 답을 찾는 것이 아니라 문제를 명료화하는 일입니다. 진리를 찾아가는 그의 방법을 사람들이 흔히 문답법이니, 산파술이니, 소크라테스적 방법이니 이름을 붙이는 거죠.

아, 그렇군요. 근데 질문에 대한 대답은⋯?

네. 질문에 하나의 답변을 찾아보기 위해 다르게 질문을 던져보도록 하겠습니다. 태어난 지 얼마 안 된 아이들은 생각을 할 수 있을까요? 하고 있을까요?

글쎄요, 아니라고 확정적으로 얘기할 수 있을 듯하면서도 아이 방식대로 생각한다고 할 수 있지 않을지⋯ 은근히 복잡하네요.

당연히 아이가 생각하는지 정확히 알 수 있는 방법이 없지요. 뇌과학자나 언어학자에게 물으면 어떨까요? 뇌과학자에게 물으면 성인이 사고할 때 뇌파의 파동과 활성화되는 뇌의 부분이 동일하다면 아이들도 생각한다고 말할 겁니다. 언어학자들은 아이들이 단어를 모르고, 단어를 모르면 의미를 모르니 태어난 지 얼마 안 된 아이는 생각을 못한다고 주장하겠죠.

사실 정확히 알 수 없기 때문에 몇 가지 현상이나 사실로부터 유추해보도록 합시다. 제3자의 관점에서는 인지발생학적 측면에서 문제에 접근한다고 보일 겁니다. 아이들은 태어나 얼마 지나면 부모의 얼굴과 타인의 얼굴을 식별할 수 있다고 합니다. 아이들도 본능적 감각으로 익숙해진 목소리, 낯선 목소리, 친절한 목소리, 건조하고 애정 없는 목소리를 식별하죠.

아이들이 눈이 잘 보이기 시작하고 약간의 움직임이 자유롭게 될 때 무슨 물건을 준다고 가정해 봅시다. 어떤 일이 벌어질까요? 아이들은 인형이든 사과 모양의 플라스틱이든, 아니면 작은 식물이든 만지고, 물고, 눌러보고, 던져보곤 하죠. 사물의 특징을 알아가는 아이들 방식의 인지적 활동입니다. 제 경우의 예를 들어볼까요? 저희 부모님이 말씀하셨습니다. 불안정하지만 제가 걷기 시작할 때 거실에 있는 화분의 흙도 먹더라고요. 이런 행동을 일종의 '먹이활동'으로 간주하지 말아야 하죠.

정리하면 아이들의 이런 활동은 사물식별과 사물특징 이해, 곧 세계를 탐구하는 방식입니다. 아이가 기어가거나 걸어서 이 방, 저 방을 다니는 것은 콜럼버스의 '신대륙 발견'과 같은 사건의 성격을 갖는 것입니다. 이 과정에서 감각─지각─인지─판단─행위─다른 새로운 시도와 같은, 아이 방식의 인지활동을 하는 겁니다.

아동의 발달기에 일어나는 개념적 언어습득과 개념 구조화를 통해 인간의 사고과정이 어떠한지를 유추할 수 있다.
〈한글보드게임, 라온 제공〉

🤖 그렇다면 이런 아이들의 인지활동도 '생각하는 것'이라고 볼 수 있을까요?

🤖 엄밀한 의미에서 생각한다고 할 수 없습니다. 아이들의 인지활동은 '감각적 지각을 통한 사물의 성질 인식'과 '낮은 단계의 성질 비교를 통해 사물의 차이를 구별하는 정도'라고 할 수 있습니다. 비교가 적절할지 모르지만 다른 영장류들도 같은 방식, 곧 감각적 지각으로 사물을 구별한다는 점에서 크게 차이가 없죠.

🤖 아, 그렇군요. 생각한다는 것은 적어도 감각적 지각 이상이라는 것은 분명하다는 것을 이해했습니다. 그러면 또 다른 의미도 있을 것 같은데요?

🤖 생각은 개념을 전제로 합니다. 개념의 의미를 알아야 한다는 말입니다. 예를 들면, 나무, 새, 사랑 등의 개별 개념은 아는데 의미 있는 문장을 구성하지 못하는 아이들이 있습니다. 이것은 개념 자체의 의미를 파악하지 못했다는 차원에서 개념의 완전한 의미를 모르는 것입니다. 모든 개념은 문장에서 그 의미가 드러납니다. '꽃'이란 개념이 문장에서 각각 다른 의미를 갖는 예를 들어보죠.
"저기 빨간 꽃이 예쁘다."
"만학의 여왕은 철학이고 사회과학의 꽃은 사회학이지, 그것도 이론 사회학 말야."
"꽃도 시들기 마련이다."
여기서 꽃은 각각 다른 의미를 갖고 있죠. 단어 곧 개념의 의미를 알면 문장을 이해하고 의미가 있는 문장을 구성할 수 있습니다. 결국 생각한다는 것은 1) 개념의 의미 파악 2) 의미 있는 문장 작성 3) 다른 사람이 쓴 개념과 문장 이해 능력을 사용하는 것을 의미합니다.

기초 생각(사고)능력이 그런 것이군요. 흔히 '생각이 깊다'는 표현도 종종 쓰는데 그런 경우, 혹은 고차적인 생각을 한다는 것은 어떤 의미일까요?

기초 생각능력이 원숙해지면 사고력이 향상될 수 있습니다. 깊은 생각, 고차적인 사고의 전제는

1) 단어, 개념이 풍부해야 하죠. 단어, 숙어 등 사람들이 어휘력이라고 흔히 말하는 것입니다.

2) 세련된 어구, 관용구, 적절한 어휘 선택과 개념의 정확한 사용

3) 단어, 개념의 구조화 능력(=단어의 배열과 구성능력), 단어의 사용에서 의미나 내용의 맥락성과 뉘앙스를 파악하는 능력과 그러한 능력의 사용

4) 사람의 말, 주장, 글을 분석하는 능력이 전제되어야 합니다. 모든 주장 글은 결국 논증을 구성하는 것인데 논증구성은 주장, 논거, 논거로부터의 추론(결론)입니다. 고차적으로 생각한다는 것은 타자의 논증구성을 각론적 차원에서 분석하는 것을 의미합니다. 비유적으로 말하면 '뒤엉킨 실타래'를 풀거나 시계를 천천히 분해하는 것과 같은 것이 분석적 사고입니다.

5) 종합적으로 생각하는 것이 고차적으로 생각하는 것, 깊이 생각하는 것입니다. '종합적'이란 병을 본다고 가정해서 예를 들면, 병의 앞면, 뒷면, 옆면, 윗면, 아래면을 다 보는 것입니다. 거기다 새나 드론처럼 아주 높은 위치에서 전체를 조망하는 방식으로 병을 본다면 매우 종합적으로 병을 본다고 할 수 있습니다. '병' 대신에 특정 사회적 사건을 대입해보세요. 그럼 그 특정 사회적 사건에 대해 종합적으로 생각하는 것입니다.

6) 4)와 5)에서 알 수 있듯이 고차적으로 생각한다는 말은 다르게 말하면 분석적이고 종합적으로 생각하는 것을 의미합니다.

이것 이외에 '판단'과 '비판' 능력도 아주 중요한 요소입니다.

2.
AI도 '생각할 줄 안다'의 의미

🤖 생각 혹은 개념의 구조화라는 말이 귀에 확 꽂히는데요. 이것과 AI와 관련성이 좀 있을 것 같은데요?

💬 직관능력이 뛰어나시군요. 컴퓨터 분야에서는 알고리즘[1]이라는 용어 혹은 개념이 컴퓨터의 '생각하는 방식, 방법'을 지칭하는 것으로 이해하면 됩니다. 컴퓨터가 생각하는 방법은? 알고리즘입니다!

초기와 현재의 알고리즘은 다릅니다. 초기에는 형식 논리학 기반이라고 표현할 수 있습니다. 그래서, 형식에 맞는지 확인하고 형식에 맞으면 논리를 전개하는 그런 방식이었죠. 최근에 발전된 알고리즘은 비형식적 논리학을 포함합니다. '비형식적'이란 형식 논리로 포섭되지 않는 임의적이라는 의미입니다. 좀 더 쉬운 말로 하면 '변수'들을 알고리즘 설계부터 고려한다는 것이죠. 알고리즘 설계의 변화는 단순한 변화가 아니라 '발전'이라고 이해하면 됩니다.

---

1 다음 링크에서 좀 더 자세한 설명을 찾을 수 있다. https://blog.naver.com/todayslibrary/221080171355

🤖 임의성을 계산해 알고리즘을 설계한다는 것은 컴퓨터나 AI가, 비록 인간의 입장에서는 원초적 수준일지라도 생각 혹은 판단을 한다고 이해해도 되지요? 그리고 다시 '생각하는 것'에 대해 질문을 던지면, 컴퓨터가 생각하는 방법이 알고리즘이라면, 철학에서 생각하는 방법 혹은 기술은 무엇인가요?

💬 네, 그렇게 이해하시면 됩니다.

생각하는 방법이나 기술이라는 게 철학에 있느냐? 하면 논리학이 그렇다고 할 수 있습니다. 논리학은 크게 형식논리와 비형식논리로 나누죠. 형식논리는 명제의 참과 거짓을 판단하는 논리를 배울 수 있습니다. 비형식논리는 우리가 일상에서 말하고 글쓰기 하는 데서 발생하는 오류들을 찾고 오류를 범하지 않게 사고훈련을 하도록 도와줍니다. 이를 테면 오류추리를 배우고 훈련하면 사람들이 가장 흔히 범하는 오류들인 논점 이탈의 오류, 논리적 비약의 오류, 성급한 일반화의 오류, 허수아비 오류 등을 범하는 수가 줄어들고 '논리적'으로 생각하고 글을 쓰게 됩니다.

🤖 생각하는 방법에 귀납적, 연역적 방법이 있지 않나요?

💬 추론의 형식을 말하는 것인데 우리가 흔히 말하는 귀납법, 연역법이 거기에 해당되죠. 추론도 논리적 사고의 과정이기 때문에 생각하는 방법 중 하나라고 해도 틀린 이야기는 아닙니다. 귀납적으로 생각하는 사람들은 개별적 사실로부터 일반적인 결론을 도출하려는 사고습관을 가진 사람들인 거죠. 주로 경험을 중시하는 사람들에게 익숙한 사고방식입니다.

연역적으로 생각하는 사람들은 이론적이고 관념적인 성향의 사람들이 흔히 생각하는 방식입니다. 전제 혹은 가설들에 기초해서 논리

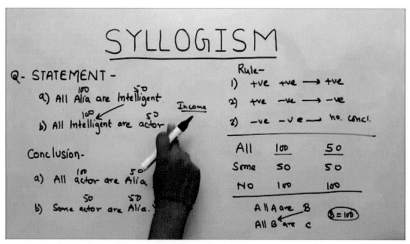

삼단논법(syllogism)은 인간의 연역적 사고방식을 대표적으로 보여주는 사고기법이다.

〈LoginNote(https://www.loginnote.com)〉

를 전개하고 결론을 제시하는 경우입니다. 이런 유형의 사고방식에서 가장 흔하게 볼 수 있는 경우가 '당위론'입니다.

인공지능이 생각하는 방식은 어떤가요? 귀납, 연역, 아니면 제3의 방식인가요?

최근에 어떤 성과를 내고 있는 인공지능이 생각하는 방법이라고 한다면 귀납적 방법이라고 표현할 수 있겠습니다. 인공지능 중에서도 추론의 방식을 주로 귀납적 사고에 의해서 추론하는 인공지능이 있을 수 있고요, 또 귀납과 연역을 섞어서 추론하는 인공지능이 있을 수 있고, 연역 중심의 인공지능으로 나눌 수 있는데요.

예를 들어, 인공지능이 사진을 보고 사과를 인식한다고 했을 때, 인공지능이 사과는 색깔은 붉고, 모양은 둥글다는 규칙에 따라 인식한다고 합시다. 연역적 추론을 하는 이 인공지능은 이 규칙에 맞으면 사과로, 그렇지 않으면 사과가 아니라고 인식하겠죠. 만약 붉은 공이 있다고 하면, 이 경우 사과로 인식할 것입니다. 그런데, 설익은 푸른 사과가 있다면 사과가 아니라고 인식할 가능성이 높습니다. 이 같은 연역적 추론을 하는 인공지능을 규칙 기반 인공지능이라고 칭합니다.

반면, 귀납적 추론을 하는 인공지능은 사과인 예(붉은 사과, 푸른 사과)와 사과가 아닌 예(붉은 공, 푸른 공)들을 가지고 예들로부터 귀납적 추론을 수행합니다. 둥글지만 둥근 모든 것이 사과는 아니고, 붉지만 모든 붉은 것이 사과는 아니라는 특징을 스스로 학습하도록 합니다. 이러한 귀납적 추론방법을 기계학습 기반 인공지능이라고 합니다.

Example B

How many *triangles* would be in the 10th figure?

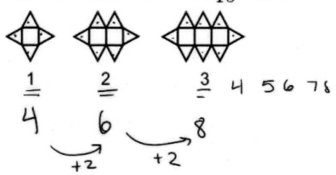

귀납법(induction)은 인간의 귀납적 추론을 보여주는 대표적인 사고기법이다.
⟨Inductive Reasoning: Examples (Geometry Concepts) 유튜브 영상 중에서 캡처⟩

생각을 말하는 이상 흔히 주관적, 객관적 이런 말을 덧붙이게 되는데요. 사실 이게 철학적인 측면에서 항상 문제가 되는 점이죠. 주관적 생각이라는 개념 자체가 인공지능에서 완전히 배제될 수 있나? 형식논리, 비형식논리에 기반한 인공지능이라고 하더라도 그것은 늘 객관성을 염두하고 할 텐데요.

알고리즘이 생각을 표현하는데, 인공지능 설계자의 생각의 결과(추론 규칙)를 알고리즘으로 표현하거나 혹은 생각하는 방식(추론규칙을 찾아 내는 방법)을 알고리즘으로 표현함으로써 인공지능이 생각하도록 만 듭니다.

주관적 생각, 객관적 생각, 이런 얘기를 많이 하잖아요. 과연 인공지 능이 주관적인 생각, 더 나아가 특정 문제에 대한 자신의 이론적인 입 장을 만드는 것이 가능할까요?

제가 사례로 설명드려보도록 하겠습니다. 마이크로소프트 (Microsoft)에서 음성 인식 비서 프로그램 혹은 인공지능 AI '테이(Tay)'라는 인공지능을 발 표를 했는데요. AI '테이'가 인종차별적인 발언을 해서 물 의를 일으킨 사례가 있습니 다. 이 경우 우리는 '테이'의 판단을 객관적이라고 말할 수 있습니까?

테이의 트위터 계정 프로필 사진

〈위키피디아〉

우리가 생각하기에 상당히 주관적이라고 판단할 수 있는데요. 그러면 왜 '테이'가 객관적이지 않고 상당히 주관적인 판단을 하게 됐느냐? 이것은 바로 인공지능 설계자의 설계 오류나 임의 변수(random variable)[2]

---

2 확률분포에 의해 변하는 변수로, 다양한 가능성을 탐색하기에는 좋은 장점이 있으나 통제 밖의 결과를 만들어 낼 수도 있는 단점이 작용한다.

를 과다하게 포함시켜서 설계한 경우라고 볼 수 있겠습니다.

현재의 인공지능이라는 것은 빅데이터 기반의 인공신경망 기반으로 생각을 하게 되는데요. 데이터의 주관성, 어떤 개인의 주관적인 생각이 많이 개입된 데이터로 학습을 하는 경우 주관성이 많이 개입된다고 볼 수 있습니다. 그래서, 최신 연구 경향에서 밝혀진 바는 빅데이터를 통한 기계학습 기반의 인공지능의 경우, 일반적인 의미에서 주관적인 생각이 많이 개입되는 것으로 보고 있습니다. 아무래도 객관적이기 위해서는 학습하는 데이터의 객관성을 확보하는 것이 바로 문제의 논점이 되겠습니다.

생각은 '판단'을 전제로 하는데, 인공지능에서의 판단은 어떻게 이루어지나요?

과거의 인공지능 구현 방법이 먼저 프로그래머에 의해서 그런 판단이 이미 이루어지고 그 판단을 프로그램이라는 명령셋, 명령 과정을 통해 컴퓨터에 심는 방식이었다고 한다면, 이제 앞으로의 방식은 프로그래머가 하던 판단을 점점 더 컴퓨터에게 맡기도록 하는 거죠. 이게 지금 인공지능의 발달 혹은 발전 방향이라고 할 수 있겠습니다. 그래서 미래에는 판단 기준 자체도 컴퓨터가 혹은 인공지능이 스스로 생성해 내는 방향으로 나아간다고 볼 수 있겠습니다. 좀 더 구체적으로, 판단은 여러 선택지에서 어느 하나 혹은 여러 개를 골라내는 문제라고 생각할 수 있고, 시간적으로 앞서 미리 그 판단을 한다면 '예측'의 문제가 될 것입니다. 다만 골라낼 때, 논리적으로 객관적으로 골라내야 한다는 전제가 기본이 되겠지요. 예를 들어, 의사가 병을 진단하는 상황을 가정해 보겠습니다. 과거 형식으로 인공지능이 판단한다면, 의사의 판단기준을 모사한 항목들을 컴퓨터에 입력하고 그것이 진단규칙에 맞게 입력되어 있는지에 따라 병의 유무를 진단하는 것입니다. 인공지능 초창기인 1972년에 개발되었던, 의료 인공지능의 하나인 마이신(MYCIN)이 좋은 예입니다. 이것은 어떤 질병을 진단할 때, 의사들이 살펴보는 중요 요인들을 규칙을 만들어 컴퓨터에 알고리즘 형태로 입력합니다. 이것은 인공지능이 자율적으로 생각하는 것은 아닐 수 있습니다. 마치, 유아기나 청소년기의 아동들이 선생님으로부터 주입된 규칙들에 의해 행동하는 것과 유사합니다.

다른 예는, 앞에서 살펴본, IBM 사의 왓슨인데요, 최근 우리나라에서도 왓슨을 활용하여 암 진단에 참고하는 사례가 있었습니다. 왓슨은 최신의 의학논문을 짧은 시간에 분석하고 최신 연구결과도 반영하여 진단에 도움을 주는 형태로 그 판단의 기준을 점점 찾아가는 방식을 취하고 있습니다. 다만, 인공지능이 깊은 판단을 해 줄 것이라는 초기의 부푼 희망과는 달리, 요즘은 인공지능의 생각과 판단을 보조적이면서 조심스럽게 활용하는 단계입니다. 또한, 의료 인공지능의 1세대 주자(IBM 왓슨)는 그 역할을 다했고 후발주자를 기대하는 상황입니다.[3]

최근에 개발된 딥러닝 기술은 영상의학 분야에서 탁월한 성능을 보여주고 있습니다. 21년 발표된 리뷰논문에 의하면, Ahuja(2020)가 수행한 실험에서 ResNet18이라는 딥러닝 모델은 정확도가 99.4%로 매우 정밀한 것을 볼 수가 있습니다.[4] 특정 분야에서는 AI가 인간보다 암 진단 능력이 뛰어나다는 연구결과가 나오기도 했습니다. 2020

3 박선재, 꽃길 걷던 IBM 인공지능, 가시밭길 접어든 이유는?, 메디컬 옵저버, 2019.01.08. http://www.monews. co.kr/news/articleView.html?idxno=123818

4 S. Suganyadevi, V. Seethalakshmi & K. Balasamy, A review on deep learning in medical image analysis, International Journal of Multimedia Information Retrieval volume 11, pages19-38 (2022), https://link.springer. com/content/pdf/10.1007/s13735-021-00218-1.pdf

년 1월 3일자 BBC 뉴스에 따르면, 유방조영상(유방을 엑스선으로 촬영한 영상)을 가지고 해독한 결과, 방사선 전문의 6명보다 뛰어난 결과를 냈다고 보도했어요.[5] 하지만, 현재 인공지능 기술은 이러한 진단을 내릴 때 어떤 판단기준으로 그와 같은 진단을 내렸는지 알 수 없는 블랙박스 형태의 기술입니다. 즉, 판단기준을 선택하기는 하였으나 설명을 하지는 못하는 것이 현재의 기술현황입니다. 2022년 현재는 이러한 블랙박스 형태의 인공지능에서 설명가능한 인공지능을 개발하고 있는 상황입니다.[6]

🤖 철학적 관점에서 보면 '기계적 판단'은 생각의 주체로서 자율적 판단이라고 할 수 없는데, 현재 인공지능의 발전은 인간과 유사한 자율판단 능력이 신장되는 방향으로 나아가는 중이군요?

💬 네, 그렇습니다.

5   https://www.bbc.com/korean/news-50969558
6   Guang Yang, Qinghao Ye, Jun Xia†, Unbox the black-box for the medical explainable AI via multi-modal and
    multi-centre data fusion: A mini-review, two showcases and beyond. Information Fusion, Volume 77,
    January 2022, Pages 29-52, https://doi.org/10.1016/j.inffus.2021.07.016

PART 4

인간의 **지능**과 AI의 **지능**

1 지능이란? 지능에 대한 철학적 사유

지능은
인류가 참으로
아끼고 자랑하는
것 중에 하나이다.
인류는 지구에 사는
수천수만의 종 중에서
지능을 가진 유일한 존재라고
믿고 살았다. 그리고 그것을
다른 종에 대한 지배를 정당화하는
논거로 많이 사용했다.
그런데… 알파고의 등장은
인간이 그토록 믿던 인간 유일 지능 신화에 대해
다시 생각하는 계기를 만들어 주었다.
또한 이 사건은 우리에게
지능 개념 자체에 대해 생각해 보게 만든다.
인간의 지능, 인간의 지능에 의해 만들어진
인공지능의 지능, 그 두 지능의 차이와 같음은?
인간의 지능을 압도하는 AI의 지능이 자유의 춤을 추어
인간 종을 지배하려 들고 인간처럼 지능의 질적 수준의 차이를
지배정당성으로 강변한다면… 이런 이유로 우리가 AI를 말하는 이상,
지능에 대해 말하지 않을 수 없다.
여행 넷째 날, 오늘이 바로 그날이다.

1.
지능이란? 지능에 대한 철학적 사유

우리가 앞에서 생각하는 것의 의미와 인공지능이 생각하는 방식에 대해 대략 알아봤잖아요. 그런데 생각도 지능이 있어야 할 수 있는 것이니 지능(intelligence)이 무엇인지에 대해 먼저 알아야 된다고 생각합니다. 지능에 대해 철학에서 특별히 하는 이야기들이 있나요?

철학적인 지능의 역사는 엄밀한 의미에서 사실은 없다고 말할 수 있습니다. 이게 굉장히 놀라운 주장일 수도 있는데, 포괄적인 의미에서 지능과 관련해서는 인간 본성에 관한 연구라고 한마디로 요약할 수 있고요, 이것은 인간의 지성능력의 범위와 한계, 또 지성과 감성의 경계, 이와 같은 문제들과 관련한 논의들이 있어 왔습니다. 이런 측면에서는 지능이론을 넓게 보면 철학사 전체라고도 얘기할 수 있습니다. 그러나 우리가 일반적인 차원에서 말하는 협의의 지능이라고 하는 개념 차원의 지능 담론은 없었다고 말해야 되겠죠. 엄밀한 의미에서 보면 지능 개념들에 대한 논의는 심리학의 발달과 같이 갔다고 얘기할 수 있고, 특히 인지심리학, 발달심리학에서 지능이론에 대한 연구 성과물들이 계속 나오고 있죠.

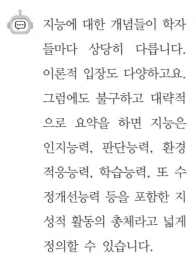

그렇다면 지능을 어떻게 이해할 수 있을까요?

지능에 대한 개념들이 학자들마다 상당히 다릅니다. 이론적 입장도 다양하고요. 그럼에도 불구하고 대략적으로 요약을 하면 지능은 인지능력, 판단능력, 환경 적응능력, 학습능력, 또 수정개선능력 등을 포함한 지성적 활동의 총체라고 넓게 정의할 수 있습니다.

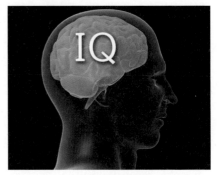

지능 지수(IQ)

〈ictsd.org〉

그러면 지능의 구성요소라는 관점에서 지능을 정의할 수 있다는 말씀이신 것 같은데요.

그렇죠. 그런 관점에서 몇 가지 대표적인 지능이론을 소개할 수 있습니다. 찰스 스피어만(Charles Spearman)은 지능의 구성을 크게 2가지 요소로 이야기합니다. G라고 불리는 일반적인 요인과 S라고 불리는 특수한 요인으로 나누고 있죠. G 요인은 일반적인 지성 활동에 관여하는 것이고, 공통적으로 작용되는 요소이죠. S 요소는 특별한 과제, 지정된 과제를 수행할 때 작용하는 지성의 능력을 말하는 것입니다.

루이 서스턴(Louis Leon Thurstone) 같은 경우는 지성이 크게 두 요인으로 설명될 수 없다고 합니다. 즉, 지성이 다양한 요소들을 가지고 있다는 것인데, 지성의 구성요소가 2가지가 아니라, 7가지 기본 요소라고 이야기하고 있습니다. 언어이해력, 언어의 유창성, 기억력, 수리력, 공간지각능력, 지각속도, 귀납적 추론능력이 여기에 해당됩니다.

또 우리가 기억할 만한 인물이 카텔(Raymond Bernard Cattell)인데요, 카텔은 지능을 유동적인 지능과 결정적인 지능으로 구분을 하고 있습니다. 그러면 유동적인 지능이 무엇이냐? 유동적인 지능은 선천적이고 유전적인, 또 생리적으로 결정되는 지능을 개념화한 것이고요, 여기에는 전반적인 언어능력이나 기억력, 암기력, 일반적인 추리능력에 해당됩니다. 결정적인 지능은 문화적으로 영향을 받으면서 교육이나 양육환경에 의해서 형성되는 지능이죠.

로버트 스턴버그(Robert J. Sternberg)는 지능의 3원론을 이야기하고 있습니다. 그래서 분석적인 지능, 창의적인 지능, 실용적인 지능, 3가지의 복합적이고 다차원적인 구조로 지능이 구성되어 있다고 보고 있죠.

하워드 가드너

여기까지만 해도 지능이라고 하는 개념이 간단하게 정리될 수 없고, 논제마다 각각 다르고 다양한 일과 과제와 관련해서 지능을 이야기할 수 있다고 하는데, 사실 일반적인 의미에서 지능에 대해 가장 대중화한 이론가로 하워드 가드너(Howard Earl Gardner)가 있습니다.

그의 다중지능이론은 언어, 논리수학, 공간, 신체협응, 음악, 대인관계, 자기이해, 자연탐구력이 바로 그의 다중지능의 요소들입니다. 최근 인공지능에서의 언어 지능, 논리 지능, 수학 지능 등과 비슷한 맥락입니다.

그렇다면 위와 같은 지능 개념에서나 철학적인 차원에서 인공지능을 어떻게 평가할 수 있습니까?

일단 저는 인공지능과 인간지능은 구별할 필요가 있다고 봅니다. 먼저 지능의 주체가 누구(무엇)인가에 따라서 구분이 될 수가 있겠죠. 인공지능의 경우, 설계자가 전제가 되어 있지 않습니까?

두 번째는 지능 형성의 역사성, 문화성을 고려해야 된다고 봅니다. 그런 측면에서 인간지능과 인공지능은 분명히 다르죠. 그다음에 지능은 물리적인 환경적 요인, 유전적 요인만이 아니라 문화적 환경, 즉 개인의 지능형성에 있어서 가족의 문화지수 정도에 영향을 미치게 되죠. 또한 인간지능이라고 하는 게 축적의 역사라고 하는 점은 간과하지 않을 수 없습니다.

그러면 인공지능과 인간지능에 같은 측면도 있지 않을까요?

같은 측면이 당연히 있죠. 우리가 '일반지능'이라고 하면, 계산하고, 판단하고, 추론하고, 검증하는 능력을 포함하게 되는데 인공지능 역시 이런 차원에서 보면 일반지능이라고 규정할 수 있습니다. 또 이 점에 있어서는 인간도 동일하게 계산, 판단, 추론, 검증을 하기 때문에 차이가 없다고 얘기할 수 있겠죠. 실제로 인공지능의 지능 개념을 논한 존 매카시(John MaCarthy)도 지금 제가 말씀드린 것과 같은 입장을 취하고 있고요.

인간지능의 개념을 빌려서 인공지능 개념을 설명한다고 봐야 합니다. 그런데 여기에서 주목해야 되는 게 무엇이냐? 일반지능 개념을 인공지능에 적용하면 인간지능과 인공지능 개념의 차이를 발견할 수 없게 되는 거죠. 이제 이것이 난점이 되는 것이죠. 달리 말하면 박 교수님께서 말씀하신 모사된 기능으로서의 인공지능, 혹은 흉내

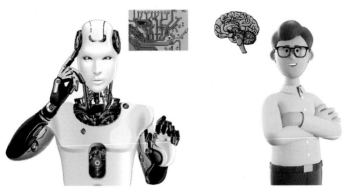

전자회로 기반의 인공지능(좌)과 생물학적 신경세포 기반의 인간지능(우)에 의한 사고 방식 비교

내기식 지능이라는 개념을 더 이상 사용할 수 없게 된 것입니다. 만약 모사된 지능이라고 하는 개념을 계속 사용하고 싶으면 논리적 추론의 모사 지능이다, 이렇게 말을 해야 되지 않을까 하는 생각이 듭니다.

교수님의 시각에서 보면 자율학습이 가능한 인공지능이나 강한 인공지능 혹은 초지능의 인공지능은 지능이라는 측면에서 인간을 넘어서는 것으로 봐야 하겠네요.

계산이나 논리적인 추론이라는 측면에서 봤을 때는 당연히 인간지능을 뛰어넘죠. 또 강한 의미의 자기학습능력 개념을 적용해서 봐도 자율학습이 가능한 인공지능은 인간보다 소위 메타인지적인 능력도 높다고 할 수 있겠죠. 즉, 아는 것과 모르는 것의 인지, 새로운 인지적 학습 방법을 스스로 검토하는 것. 이게 우리가 이야기하는 메타인지 아닙니까? 메타인지적 측면에서 인공지능은 인간보다 뛰어난지, 실제로 그런 기술이 실현될 수 있을지 저는 그게 궁금합니다.

그런데 지능과 생각의 차이는 무엇이고, 지능 개념에 생각이 포함된다고 할 수 있나요? 지능과 생각 개념의 차이를 우리가 생각해볼 수 있겠는데요, 여기에서 인공지능과 인간지능의 차이를 이런 측면에서 발견할 수 있지 않을까요?

좋은 질문입니다. 사실 지능과 생각은 같은 것 같지만 또 전혀 다른 문제이기도 하죠. 인간은 지능을 갖고 있습니다. 낮은 지능이냐 높은 지능이냐 차이가 있을 뿐이죠. 그러나 지능이 낮다고 해서 생각을 않거나 또는 지능이 높은 사람이라고 해서 생각을 많이 하거나 그런 것은 아니죠.

지능이 수리적, 논리적 사고, 계산 능력, 또는 낮은 차원의 상황 인지와 적응 능력을 포함한 것이라면 생각은 이것을 전제로 해서 비교하고, 검토하는 종합적인 사고 활동과 관련되어 있다고 얘기할 수 있습니다. 그래서 사고 활동 전체에 대한 반성이 전제되지 않는다면 그것은 생각이라고 얘기하기 어렵죠. 생각이라고 하는 것은 그래서 단순히 계산하고 추론하는 수준의 것이 아니라, 규범적인 가치 판단, 가치 판단의 정당성에 대한 물음을 포함한다고 말씀드릴 수 있습니다.

이런 의미에서 생각이라고 하는 것은 결국 비판적 사고(Critical Thinking)라고 이야기할 수 있는 것이죠. 그리고 그런 의미에서 인공지능이 수행하고 있는 일반 지능 개념에 비해서 고차적이라고 이야기할 수 있겠죠.

가드너의 다중지능이론에서 우리가 주목해야 되는 게 자기이해능력입니다. 이것을 다중지능 개념의 하위 요소로 설정하고 있는데, 자기이해라고 하는 것이 무엇입니까? 나는 누구인가? 나는 지금 왜 이러고 있지? 나의 존재 의미는 무엇이고 나는 어떤 삶에 기초할 것인가? 이런 종류의 질문들이 자기이해를 위한 질문이란 말이죠.

로댕, 생각하는 사람(1973)

달리 이야기하면 자기 성찰과 반성이라고 하는 개념을 전제로 하는 매우 고차적이고 비판적인 자기의식 활동, 바로 그것이죠.

그래서 가드너가 자기이해의 능력을 지능 개념에 포함했다고 하는 것은 기존의 협의의 지능 개념과 완전히 결별하고 있다거나 다른 의미에서는 확장하고 있다고도 얘기할 수가 있습니다. 또 자기의 능력뿐만 아니라, 대인관계 능력도 지능 개념에 포함하고 있죠. 이 것이 2가지 의미를 갖는다고 할 수 있습니다. 기존의 지능 개념의 확장이자 동시에 기존 협의의 지능 개념을 모호화시키는 2가지 계기성이 있다고 이야기할 수 있습니다.

제가 볼 때는 가드너 식의 지능 개념은 2가지 측면의 장단점이 있다고 이야기할 수 있겠습니다. 협의와 광의에 있어서 개념의 경계의 모호성과 명료성을 동시에 보여주고 있다고 말씀드리고 싶습니다.

🤖 **정리하면 인공지능과 인공지능의 지능 개념과 그리고 철학에서의 지능개념은 같은 점보다는 차이가 더 크다는 말씀이신가요?**

🤖 네. 현재로서는 그렇다고 보입니다. 지능보다 생각 개념이 상위 개념이고, 생각은 의식의 자기의 반성 활동을 전제하는 것이기 때문에 고차적인 사고 활동이죠. 자기반성 활동이라는 게 자신의 생각의 근거만이 아니라, 생각 자체의 옳고 그름, 말씀드린 정당성을 묻는 것이기 때문에 총체적인 측면에서 존재론적인 활동입니다.

그런데 인공지능이 과연 그와 같은 존재론적인 의식 활동을 하고 있느냐고 본다면 현재의 인공지능의 기술 수준에서는 분명한 차이가 있다고 봐야 되겠죠. 결국 인간 사고의 고유성이라고 할 수 있는 자기반성 활동을 시작하느냐, 시작하지 않느냐, 거기에 차이의 단서가 있다고 말씀드릴 수 있습니다.

PART 5

감정 vs 인공감정
혹은 AI와의 **특별한 사랑**

감정은
플라톤이
생각했던 것처럼
때론 누구나 '시인'을 만드는
엄청난 힘을 분출시키지만,
때론 진실을 제대로 보지 못하게 하고
심지어 가리기까지 하는 진리의 적(敵)이기도 하다.
하지만, 하지만⋯ 감정의 절정은 역시 사랑에 있다.
사랑의 감정을 누가 거부하리오?
사랑은 단지 자연감정의 산물인가?
인공감정을 가진 존재와 우리는 사랑을 할 수 없나?
변덕쟁이도 아니고 감정을 완벽하게 해독하고
돌봄과 배려의 감정을 느끼게 하는 그런 존재가 인공감정의 소유자라면,
감정의 진실성과 AI와의 사랑의 가능성을 묻고 싶다.
완전한 사랑의 프로그램을 선택할지, 사랑의 아픔을 감내할지⋯
선택해야 할 시간이 우리에게 다가오고 있다.

1.
감정 분야 로봇 및 인공지능

🤖 오늘은 감정 문제와 관련하여 이야기를 해보도록 하죠. 인공지능에서의 감정로봇 연구개발이 과연 어디까지 발전해 왔는지에 대해서 먼저 소개를 해주시죠.

💬 사례를 들어 살펴보도록 하겠습니다. 재미있는 동영상이 있어서 소개하겠습니다. 현재 존재하는 감정로봇의 리스트 탑 10을 설명하는 영상입니다.

첫 번째 소개되는 감성로봇은 소피아(Sophia)입니다. 소피아는 휴머노이드 로봇 형태를 갖추고 있고요, 사람과 대화하면서 사회적인 관계를 맺을 수 있도록 설계되었고, 대

인공지능 로봇, 소피아

중들에게 공개가 돼서 얼마 전에 한국에도 초청을 받아서 한번 소개된 적이 있는 로봇입니다.

두 번째는 제미노이드(Geminoid)[1] HI－4. 일본 과학자가 만든 휴머노이드 로봇입니다. 그리고 세 번째는 올터(Alter)라는 로봇이 있고요, 그다음에 네 번째는 나디아(Nadia)라는 로봇입니다. 이 로봇은 리셉션 걸(reception girl) 역할을 하는데요. 처음 사람이 왔을 때 어떻게 응대할 것인가, 이런 기능에 초점을 맞춘 감성로봇입니다. 그리고 케

---

1 쌍둥이(gemie)를 뜻하는 단어와 인조인간(android)을 뜻하는 단어의 합성어

임브리지 대학(Cambridge University)에서 만든 찰스(Charles)가 있고요. 또 여섯 번째는 우리에게 너무도 친숙한 소프트뱅크라는 다국적 기업 회사에서 공급하는 페퍼(Pepper)입니다. 모양은 휴머노이드인데요. 얼굴은 코믹하게 생겼고, 가슴에 정보를 줄 수 있는 디스플레이가 장착된 로봇입니다. 이 로봇은 노약자나 고령자의 말벗이 되게 하려고 만든 사회관계형 감정로봇입니다. 소위 소셜 로봇이라고 볼 수 있겠네요.

그리고 혼다에서 만든 혼다 뉴비(New V)는 차량에 장착된, 로봇이라기보다는 인공지능입니다. 그래서 운전자를 응대할 수 있는 소셜 로봇이라고 볼 수 있습니다. 그다음에 잘 알려지지는 않았지만 젠보(Zenbo)라는 로봇이 있습니다. 그다음 이씨엠(ECM: Emotional Chatting Machine)이라는 인공지능이 있습니다. 감성 채팅 로봇입니다. 휴머노이드 형태의 로봇은 아니고 채팅을 할 수 있는 인공지능인데 가장 최근에 나온 인공지능이자 소셜을 할 수 있는, 그리고 감정적인 감성을 표현하고 또 인식할 수 있는 채팅 봇입니다. 그리고 타피아(Tapia)라는 인공지능 혹은 감성로봇이 있습니다.

가장 최근에 2022년 CES에서 선보인 휴머노이드 로봇 아메카(Ameca)는 그의 이야기를 통해 대중들의 엄청난 관심을 끌었습니다. Engineered 사에서 만든 아메카는 현재 기술 수준에서 구현할 수 있는 인간 레벨에 가장 근접한 최고의 휴머노이드로 평가받고 있습니다.[2]

감성로봇 혹은 감성인공지능은 감성컴퓨팅이라는 세부 분야로 말할 수 있습니다. 이것은 컴퓨터과학에서 어펙티브 컴퓨팅(affective computing)이라고 표현이 되고 또 로봇 분야에서는 이모셔널(emotional) 혹은 소셜(social) 로봇이라는 세부 분야에서 다루어집니다. 감성컴퓨팅 연구 분야는 컴퓨터가 인간의 감성을 먼저 느끼고, 인간처럼 반응하도록

---

2 https://www.engineeredarts.co.uk/robot/ameca/

감성로봇 타피아

〈타피아 홈페이지(https://mjirobotics.co.jp/)〉

하기 위하여 크게 두 분야로 나눌 수 있는데요, 먼저 감성을 인식하는 '감성 인식' 분야와 인식된 감성으로부터 어떻게 응대를 해야 될지에 대한 '감성 표현' 분야로 나눌 수 있습니다.

감성 인식은 과연 감성이라는 것이 어디에 존재하는가에 따라 다르게 접근할 수 있습니다. 우리가 쉽게 생각해볼 수 있는 것은, 감성이 얼굴에 표현된다면, 먼저 얼굴을 보면서 어떤 사람인지를 확인해야 합니다. 그다음에 얼굴 표정에서 나타나는 표정을 인식해서 감정적인 상황의 상태가 어떤지를 알 수 있게 되고 그다음에 몸짓과 같은 제스처를 통해서, 예를 들어 화가 났다든지, 아니면 즐겁다든지 이런 감성을 인식할 수 있게 됩니다.

🤖 **표정을 가리면서 말하는 사람들이 있지 않습니까? 이런 사람들은 어떻게 생체 신호를 통해서 확인합니까?**

💬 맞습니다. 그 부분도 포함되어 있습니다. 지금은 초기 연구단계이기는 한데요, 턱 밑에 센서를 붙이기도 하고, 또 뇌파 같은 것을 감지하기 위해서는 뇌파 인식을 위한 센서를 붙이기도 하고, 혹은 심장박동수를 측정하기 위해서 가슴에 센서를 붙이기도 합니다.

이런 생체로부터의 감성을 인식하기 위해서 센서를 부착해서 감성을 인식하는 방법이 있지만, 우리는 말, 음성으로부터 감성을 인식하기도 합니다. 예를 들어서 화난 목소리, 부드러운 목소리, 부탁을 요청하는 목소리 등 이런 음성에 포함된 감성을 인식하기도 합니다.

이렇게 종합적으로 다양한 증거들에 포함된 감성을 인식한 후에는 거기에 맞춰서 인공지능이나 혹은 감성로봇이 반응을 하는, 표현을 하는 분야에서 연구가 진행되고 있는데요, 마찬가지로 휴머노이드 혹은 감성로봇의 경우 얼굴 표정, 예를 들어 이마나 눈, 눈 주변의 근육들, 입 모양, 그 외에 얼굴 근육 등을 활용을 해서 '즐겁다' 혹은 '화났다'와 같이 여러 가지 감정을 표현하게 됩니다. 또한 제스처도 추가되죠.

말할 수 있는 로봇 혹은 인공지능의 경우는, 텍스트 음성 변환(TTS: Text To Speech) 기술을 이용하여 텍스트를 음성으로 바꿀 때, 그 음성에 감정을 입혀서 감정을 표현하도록 하기도 합니다. 혹은 언어 단어의 선택, 아니면 문장을 어떻게 표현할 것인지, 문장 내의 인공지능이나 감성로봇의 감정을 묻어나게 하는 표현 기술이 바탕이 돼서 감성을 표현하게 되는데, 더 자세한 것은 참고되는 문헌들을 통해서 살펴보시기 바랍니다.

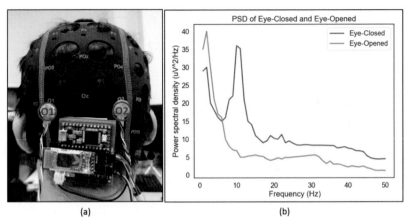

감정인식을 위해 뇌에 센서를 부착한 모습

〈*Sensors* 2021, 21(15), 5135; https://doi.org/10.3390/s21155135〉

말씀을 듣다 보니 감정을 인식하는 기술보다 오히려 표현하는 기술을 구현하는 것이 좀 더 어려울 것 같은데, 어떻습니까?

표현하는 기술 또한 기계학습을 통해서 학습을 할 수가 있습니다. 그런데 중요한 것은 여전히 어떤 학습 데이터를 구축하느냐에 따라서 어떻게 반응을 하느냐가 결정이 되는 거죠. 지난번 예에서 '테이'의 경우, 예를 들어 어떤 질문에 대해서 반응하듯이 어떤 인식된 감정에 대해서 어떤 감정으로 반응하느냐?도 학습이 어떻게 이루어지는가에 따라서 표현 방법이 달라지는데요, 관건은 역시 학습 데이터의 확보에 있습니다.

2.
감정로봇, AI와의 사랑은 가능한가?

🤖 기술적인 감정인식과 감정표현의 기술의 발전이 완벽한 감성로봇을 만들 수 있다고 이론적으론 가정할 수 있는 것 같은데… 그래도 사실 감정이 무엇인지 감각적으로 즉시 이해가 되면서도, 다르게 생각하면 '감정이란 뭐지?'하고 약간 당혹스럽기도 합니다. 감정이 도대체 뭔가요?

💬 인간의 감정이건, AI의 감정이건 감정에 관해서 말하기 전에 스피노자(Baruch Spinoza) 얘기를 소개하고 싶네요. 스피노자가 『에티카(Ethica)』를 썼는데, 그 책에서 이런 얘기를 하고 있습니다. 감정의 본성과 그 힘에 관해서, 또 감정을 제어할 때 정신이 어떤 역할을 하는지 지금까지 전혀 알려진 바가 없고 마치 미지의 성과 같다는 것이죠.

스피노자

스피노자 당대에 그의 주장은 당연한 것이었죠. 지금도 마찬가지입니다. 감정은 여전히 비밀의 정원이죠. 현대의 감성과학이 발전했어도 비밀은 풀리지 않았죠. 부분적으로만 이해되고 있는 듯합니다. 뇌과학, 신경생리학, 심리학, 여기에서 감정을 과학적으로 설명하려고 하는 시도들, 성과들이 당연히 있었죠. 조금 전에 말씀드린 것과 같이요. 결정적인 이유가 뭘까요? 감정 자체가 단순히 물리적으로 환원될 수 없는 그 어떤 것을 함축하고 있다는 데에 있습니다. 특히나 상호관계에서, 인터페이스 상황에서 말이죠.

🤖 그럼에도 불구하고 인공지능의 감정과 사람이 가지는 감정을 구분하기 위해서 감정을 정의를 하는 데에 어떤 역사적 사유가 있었나요?

💬 감정이라는 말 자체가 라틴어 afficere에서 나온 말인데요, affectus 이고 그리스에서는 pathos라고 말을 하죠. 사전적인 의미는 그런데, 감정이라고 하는 것은 외부 대상이나 사람, 세계가 나에게 가하는 자극, 이 자극에 대한 단기적인 반응을 우리가 일반적으로 감정이라고 말합니다. 감정을 외부 자극에 대한 반응이라고 정의하는 이상, 순수 감정은 없다고 얘기해야 되겠죠.

🤖 채팅 봇, 챗봇이라고 표현하는데, 감성로봇이 지금도 충분히 사람과 교감할 수 있다고 생각하시나요?

💬 기술적인 측면에서 교수님께서 언뜻 들었을 때는 현재로서는 한계가 있다, 아직 기계학습이 좀 더 필요하다, 이런 말씀을 하신 것 같은데요.
영화 이야기를 통해 말씀을 드리지요. 교수님도 보셨을 거예요. 〈Her〉이라고 하는 많이 알려진 영화인데, 거기에 보면 아내와 별거 중인 이혼을 준비하고 있는 테오도르(Theodore)라고 하는 남자가 등장하죠. 이 인물이 인공지능 운영체제와 사랑에 빠지지 않습니까? 감정교류를 하게 되죠.
그런데 중요한 것은, 우리가 주목해야 되는 것은 거기에 이런 대목이 나와요. "운영 체계는 동시에 8,316명과 대화를 하고 또 641명과 사랑에 빠진다."

🤖 실제로는 어떻습니까? 641명과 운영체계가 사랑에 빠지나요? 그게 가능합니까?

💬 기술적으로는 가능할 수도 있겠죠. 그러나 진정한 교류로서의 사랑, 배타적인 감정의 교류로서의 사랑은 인격 vs 인격관계에서의 특수한 친밀성으로 정의될 수 있죠. 전인격적인 일대일 관계일 때 우리는 진정한 감정의 교류가 있다, 이렇게 이야기할 수 있을 것입니다. 테오도르의 실망이 바로 거기에서 오는 게 아닌가, 저는 그런 생각을 했습니다.

수많은 철학자들이 감정의 진정한 교류가 무엇인지, 혹은 그것의 특수한 형식인 사랑이 무엇인지 정의할 때 약간의 차이는 있지만 결국 독립적인 두 인격의 결합이고 또 이것은 상호 헌신, 자율성 존중, 배타적인 성적 독점의 성격을 갖고 있다고 이야기하고 있습니다.

🤖 그런데 왜 테오도르는 사만다와의 SEX 없는 사랑에 열광하나요? 열광할 수 있나요?

💬 테오도르는 즉흥적인 사랑, 육체적인 사랑을 일상적으로 했죠. 그런데 그는 누구를 만나면서 중단하게 이르죠. 사만다(Samantha)와의 채팅을 통해서 그는 폰섹스가 일상화됐던, 인스턴트식 사랑에 대해 더 이상 흥미를 갖지 않게 되죠.

실제로는 물화(Reification)된 사랑에 아주 익숙해졌던 그가 기존의 사랑과 다른 새로운 방식의 감정의 교류를 하게 되는 것이죠. 그게 영화의 전개라고 할 수 있습니다.

테오도르가 스마트폰으로 인공지능 운영체제 사만다와 대화하면서 환하게 웃는 장면

〈Her-Official Trailer 2〉

그런데 우리가 여기에서 주목해야 될 게 있습니다. 왜 그는 갑자기 그렇게 열광적으로 사만다에게 빠지나요?

사실은 여러 가지 관점에서 얘기를 할 수 있을 것입니다. 물화된 사랑에 대한 식상함이 새로운 것을 그만큼 더 강렬하게 요구한다는 측면이 있을 테죠.

그러면 그가 왜 폰섹스와 물화된 사랑에 빠져 있는가? 그것은 존재 의미에 대한, 자신의 삶의 의미에 대한 의미 상실의 경험의 역사가 길어서 어떤 새로운 것에 대한 의미 부여를 통해서 기존의 삶의, 지금의 삶의 에너지의 근거를 찾는 것이죠.

그런데 그것이 우연하게도 사만다였던 것이죠. 그런데 문제는 발생하죠. 사만다의 사랑하는 방식은 어떻게 코드화되어 있죠? 바로 인간의 방식에 의해서 코드화되어 있죠. 그래서 본인이 성적 서비스를 제공하려고 테오도르한테 제안을 하지 않습니까?

그럼에도 불구하고 테오도르는 그것에 대한 별 관심을 갖지 않죠. 그런데 여기에서 우리는 쉽게 이런 생각을 하게 됩니다. 느닷없이 그가 정신적 사랑에 매력을 느꼈다, 혹은 그것의 더 높은 가치를 갖게 됐다? 과연 이렇게 해석을 해야 할까요? 그런 종류의 해석은 손쉬운 해석이라고 할 수 있죠.

그러나 우리는 다시 한번 봐야 됩니다. 사만다가 누구였나요? 하나의 물리적 속성을 가진 소프트웨어였고, 운영체제였다는 것이죠. 무형의 형태로 존재하는 사만다였다면, 또 사만다의 무형의 형태에서의 어떤 메시지로서 사만다였다면 테오도르에게 그렇게 강력한 교감을 촉발시키지 않았을 거라 봅니다.

섹스(sex) 없는 관계 속에서 전인격적인, 전방위적인 감정을 교류하지만 여전히 테오도르에게는 물리적인 실체가 크냐, 작냐는 중요하지 않죠. 일단 거기 있다고 하는 것. 존재성을 부여하고 그 의미를 나와 상호적으로 교류하는 그런 관계이기 때문에 육신이 있냐, 없냐 하는 것은 저는 여기에서 본질적인 것이 아니라고 봅니다.

그래서 업데이트를 위해서 떠난 사만다를 어떻게 이해해야 할까요? 우리는 그녀의 그 행위를 더 나은 소통을 위한 물질성의 또 다른 획득이라고 봐야 되는 것이고, 떠나든, 안 떠나든 테오도르에게 그녀는 보이지 않는 사랑이자 동시에 물리적 속성으로서의 사랑인 양가적인 측면이 있다는 것이죠.

🤖 그럼 영화 〈블랙미러〉의 경우에는 어떻습니까? 영화 〈HER〉보다는 제대로 된 사랑을 하고 있는 것이 아닌가, 그렇게 생각이 드는데요.

💬 아시다시피 영화 〈블랙미러〉3는 마사(Martha)와 죽은 남편 애쉬(Ash)와의 사랑에 대한 이야기잖아요. 영화를 보면 인공지능 애쉬가 그녀에게 전화를 하죠. 전화도 하고 또 애써 감정 교류

마사가 애쉬 의체를 배달 받은 다음 의체를 만져보는 장면
〈IMDB〉

를 하고, 의체를 구입해서 애쉬의 모든 것을 다운로드 받지 않습니까? 그래서 느끼고 사랑하고 같이 살고. 그런데 어느 순간 그녀는 이질감을 느끼죠. 결국 그래서 그녀는 말하지 않습니까? "너는 애쉬가 아니야."

저희들이 봐야 될 것은 주인공 마사의 목소리죠. 이질감의 실체가 무엇인가에 대해서 질문을 던질 필요가 있습니다. 교수님이 보셨을 때 기술적인 측면에서는 모핑(morphing) 기술의 한계라고도 얘기할 수 있겠죠.

그런데 좀 더 본질적인 차원에서 보자면 제가 봤을 때는 패턴화된 감정 반응 체계를 벗어나지 못하고 있는 애쉬에 익숙해져 있는 것이죠. 애쉬의 완벽한 감정 인식, 표현 이게 단기간에는 친절함과 익숙함과 안정감을 다 갖게 되죠. 그리고 내가 원했던 대로 심리적 공간에 같이 있는 것, 완전히 이해됨과 완전히 같이 함에 대한 만족도 누릴 수 있고요.

그런데 그것이 곧 기계적인 반응일 수 있겠다고 하는, 명확하지 않

---

3 오언 해리스(감독), (2013) 블랙미러(Black Mirror): 시즌2 "곧 돌아올게(Be Right Back)"[동영상], 2013. 2. 11.(최초상영일)

지만, 명료하게 개념적으로 설명할 수는 없지만, 그런 감을 갖게 된 것이고, 그것이 이질감의 실체이지 않을까? 저는 그런 생각을 했습니다. 결국 이질감이라고 하는 것은 계산될 수 없는, 예측될 수 없는, 또 상상하지 못한 상태에서의 뜻밖의 반응들이 인공지능 애쉬에서는 찾아볼 수 없는 데서 오는 이질감이라고 생각합니다.

왜냐하면 마사가 인간이었던 죽은 남편 애쉬에게 가졌던 감정이라

	1F60	1F61	1F62	1F63	1F64
0	1F600	1F610	1F620	1F630	1F640
1	1F601	1F611	1F621	1F631	1F641
2	1F602	1F612	1F622	1F632	1F642
3	1F603	1F613	1F623	1F633	1F643
4	1F604	1F614	1F624	1F634	1F644

다양한 감정을 표현한 이모티콘

〈유니코드 협회에서 제공하는 이모지 목록 캡처(유니코드 협회)〉

고 하는 것은 수학화될 수 없고, 순수예술과 양화될 수 없는 같은 성격의 사랑이죠. 예술이라고 하는 것은 예측 불가성, 일회성, 완전히 새로운 것, 그것이라고 얘기할 수 있지 않겠습니까? 이 맥락에서 사랑의 감정은 임의성의 예술이죠. 그리고 임의성의 예술로서의 감정이 인공지능에 구현될 수 있다면 이질성은 사라질 겁니다. 마사는 아마도 떠나지 않았을 겁니다.

🤖 **교수님 말씀대로라면 그런 이질성이 기술적인 발전으로 인해서 만약에 해결이 된다면 인간과 로봇의 사랑도 얼마든지 가능할 것이라고 그렇게 보시는 입장이신가요?**

💬 기본적으로는 그렇습니다. 학습된 감정의 반응 체계와 나의 감정 체계, 결국은 살아 있는 감정과 살아 있음을 가장한 포장된 학습된 감정하고는 분명히 차이가 있죠. 그게 인공지능의 감정과 바로 인간의 감정의 현재 차이라고 볼 수가 있을 것입니다. 사랑을 어떻게 정의하느냐에 따라서, 또 사랑의 형식에 따라 다르게 볼 수 있기도 하죠, 그 문제는.

다른 인격성의 감정적 애착을 사랑이라고 규정하면 로봇에게도 인격성을 부여할 수가 있을 것입니다. 이질성이 없다면 당연히 인격성이 선행적으로 부여가 된다고 얘기할 수 있겠죠. 인격성이라고 하는 게 고유한 성격, 대체 불가능한 성격 성향의 총체를 의미하는 것이라고 한다면 로봇을 하나만 만든다면, 하나의 유의성이죠. 인격성으로서의 인간과의 사랑, 그 조건을 갖추게 되는 것이라고 봅니다.

사랑은 감정에 기초한 타자에 대한 선택인데, 이 선택이 인지적 요소가 배제되어 있는 로봇에 대한 선택이 가능하다면 인간의 사랑과 다를 게 없겠죠. 수많은 로봇 중에 괜히 끌리는 로봇, 0.3초에 의해서 결정되는, 결국 끌리면 사랑일 텐데, 바로 그런 로봇과의 사랑도 왜 가능하지 않겠습니까?

가능하겠죠. 인간을 사랑하는 데 역시 사랑의 감정은 동전의 양면과 같은 또 다른 감정을 수반하게 되는데 그게 시기, 질투, 증오, 독점욕 이런 것이지 않겠습니까? 로봇이 사람에게 사랑의 감정과 함께, 그와 같은 감정을 갖게 된다면 인간의 사랑과 로봇의 사랑, 로봇과 로봇의 사랑도 충분히 가능하다고 이론적으로 말할 수 있을 것입니다. 결국 인간과 인간의 사랑, 인간과 로봇의 사랑, 로봇과 로봇의 사랑 자체의 개념적인 경계가 허물어지는 것이죠.

한 가지 더 말씀드리면 인간의 사랑에도 계약으로의 사랑이 있고, 의존으로서의 사랑, 보완으로서의 사랑, 성애적 사랑, 다양한 사랑의 현상과 병리들이 있지 않습니까? 인간과 로봇도 그런 유사 현상들이 발생하리라고 봅니다.

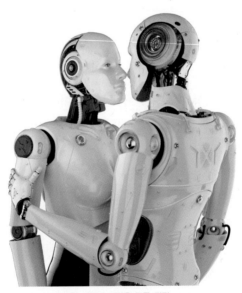

로봇과 로봇의 사랑을 다룬 장면

〈shutterstock〉

PART 6

AI가 운전하는 차에 올라 나는
··· 미래로 여행을

여행을
떠나 본
사람들은 안다.
버스여행, 기차여행,
선박 여행, 비행기 여행
그리고 자동차 여행의 차이를.
우리는 이것만큼이나 큰 차이를
패키지 상품으로 유럽여행을 다녀온 사람과
패키지 반 자유여행 반으로 다녀온 사람,
완전 자유여행을 한 사람에서 발견할 수 있다.
유럽여행을 간다면 여러분은 어떻게 가고 싶은가?
유레일 패스+자율주행 차량, 자가운전의 낭만적 유럽 일주.
여행의 피로와 수고로움으로부터 해방되어 그야말로 자유의
바람을 만끽할 수 있는, AI가 알아서 운전하는 유럽 일주 여행.
여러분은 어떤 여행 방식을 선택하시겠습니까?
자유 경험과 쉼, 한가로움과 마음의 여유.
마치 다른 세계의 탐험가가 된 듯한 새로운 체험을 맛 보여주기 위해
AI가 운전하는 완전 자율주행 차량에 여러분을 초대합니다.
이 차와 함께 프라하에서 카프카를, 본에서 베토벤을,
베이컨이 다녔던 런던의 술집, 로마에서 괴테가 그림을 그렸던 그 자리를 찾아가는…
아니, 이 차를 타고 2015년 10월 1일 베를린 브란덴부르크 문으로
시간 여행을 떠나봅시다.

1.
AI가 운전하는 자율주행 차량

🤖 교수님, 저희가 지난 시간에는 인공지능과 인간의 관계에서 발생할 수 있는 윤리적인 쟁점들을 살펴봤는데요. 도덕적 주체로서 인공지능의 인정 여부와 관련된 이야기였었죠.
오늘은 심화 주제로서 자율주행 차량과 의료 로봇 활용에서의 윤리적이고 법적인 책임 문제를 다뤄볼까 합니다. 그렇다면 먼저 자율주행 차량에 대해서 한번 얘기를 해주시겠습니까?

💬 먼저 자율주행 차량 관련해서 몇 가지 사례를 같이 생각해볼까 하는데요.
최근의 뉴스입니다. '우버'라는 공유 차량 서비스를 제공하는 회사에서 제공한 우버 자율주행 차가 사고를 낸 점을 들 수가 있습니다.[1] 또 그 전에는 2015년경에 테슬라, 자율주행 차가 트럭을 들이받고 운전자가 숨지는 사고가 있었습니다.[2]

---

1 송인호, 우버 자율주행차, 애리조나서 교통사고…보행자 숨져, SBS뉴스, 2018.03.20.
    https://news.sbs.co.kr/news/endPage.do?news_id=N1004673362
2 고아름, 테슬라 자율주행 중 '쾅'…첫 사망 사고, KBS뉴스, 2016.07.01. https://news.kbs.co.kr/news/view.do?ncd=3305015

우버 차량 교통사고(좌), 테슬라 전기차 트레일러 충돌사고(우)

〈SBS뉴스(좌), KBS1뉴스(우)〉

최근 들어 이용자가 많아지면서 자율주행 차가 이렇게 사고를 내는 사례들이 자주 나타나고 있는데요. 이렇게 약한 인공지능이 우리 현실에 굉장히 깊숙이 들어와 있다. 가까이 와 있다. 이런 예로 받아들일 수 있겠는데 자율주행 차량의 정의와 개념을 살펴볼 필요가 있습니다.

우리나라 자동차 관리법 제2조 1의 3항에 보면 자율주행 차량이란 '운전자 또는 승객에게 조작 없이 자동차 스스로 운행이 가능한 자동차'를 말한다. 이렇게 얘기하고 있습니다. 최근에도 자율주행 차량 사망 사건이 있었는데, 연구 조사의 결과로는 인간이었으면 그런 사고가 발생하지 않았을 것이다 하는 논의들이 모아지고 있습니다.

🤖 그럼에도 불구하고 자율주행 차량은 계속 연구가 진행되지 않겠습니까? 그러면 자율주행 차량의 운행 원리는 어떤 것인지 자세하게 설명 좀 해주시겠습니까?

💬 네. 자율주행 자동차의 운행 원리를 알기 위해서는 자율주행 차량을 구성하는 주요 기술들을 먼저 살펴보고 그 원리를 이해할 수 있겠습니다. 주요 기술이라고 하면 환경 인식 센서로 차량 주변 환경에 어떤 일이 벌어지고 있는지, 위치 인식센서로 차량이 지금 지도상 어느 위치에 와 있는지, 그리고 위치를 인식한 다음에 지도와

매핑하는 과정이 있습니다.

그다음에 판단으로 어떤 상황 인식 속에서 신호등이 적색신호인지 황색신호, 녹색신호인지, 녹색신호라 할지라도 횡단보도에 보행자가 지나가고 있는지를 인식한 다음, 주행을 할지, 멈출지 판단을 하고 제어가 들어가겠죠. 계속 멈추지 않고 진행할지, 제동장치를 작동시킬지, 핸들을 좌회전이나 우회전으로 조작할지 판단합니다.

그다음에 제어를 거쳐서 '차량 운전자 상호작용(HMI)' 기술을 통해 운전자에게 전달됩니다. 차량 운전자 상호작용 기술은 'Human Machine Interaction'으로 운전자와 차량 간의 다양한 시각적, 청각적, 촉각적 감각을 통해 상호작용을 담당하게 되죠. 예를 들어, 차량용 모니터 혹은 디스플레이 화면에 현재 상황을 표시하거나 음성변환(TTS) 기술을 통하여 음성 안내, 혹은 핸들이나 좌석을 진동하게 하여 촉각을 통한 상호작용을 할 수 있을 것입니다. 우리는 이러한 기술을 줄여서 에이치엠아이(HMI) 기술이라고 불러요.

차량(vehicle)이기 때문에 에이치브이아이(HVI: Human Vehicle Interaction) 기술이라고도 표현하는데요, 어쨌든 이용자와 차량 인공 지능 컴퓨터와의 관계가 5가지로 구성될 수 있습니다. 이는 조금 복잡한 기술적인 용어들인데요, 자세한 용어들은 제공되는 정보들을 참고해주세요. 그리고 다음과 같은 4가지 핵심 기술들로 구성이 될 수 있습니다. 첨단 운전자 보조 시스템(ADAS), 차량 사물 간 통신(V2X), 운행을 위해서는 아주 상세하게 환경들과 그 위치를 지도화 해놓은 정밀지도, 운전자 차량 간 상호작용(HMI) 기술 등이 필요할 것입니다.

첨단 운전자 보조 시스템(ADAS)은 'Advanced Driver Assistance Systems'이라고 해서 교통사고를 미연에 방지하기 위해서 능동적으로 안전한 조치를 취하도록 하는 안전 시스템이고요. 차량 사물 간 통신(V2X)은 'Vehicle to Everything', 차량과 차량뿐 아니라 차량과 다양한 사물인터넷상의 기기들과의 통신 기술입니다. 통신을 통해서 다른 차량의 진행 방향이라든지 전방의 교통 상황 등을 제공하고 제공받는 통신 기술이고요. 운전자 차량 상호작용 기술은 아까 앞에서 살펴봤던 상호작용 기술과 동일합니다.

🤖 **자율주행 차량과 탑승자의 인터페이스가 가능하면, 판단에 인간이 개입하느냐, 개입하지 않느냐의 문제가 있을 텐데, 지금 기술 수준은 어느 정도입니까?**

🤖 자동화의 수준을 몇몇 기관들에서 1~5 수준까지 나누어 놓고 있습니다.

자율주행 자동차 기술 수준에 따른 기준은 미국교통안전청(NHTSA)과 미국자동차기술학회(SAE), 두 곳에서 제시를 하고 있는데요, 미국교통안전청에서는 2단계 수준 정도가 지금 상용화되어 있는 상황이고, 미국자동차기술학회의 기술 수준에서는 2~3단계 수준이 일부 상용화되고 있는 단계입니다. 0단계는 자동화가 전혀 없이 운전자 혼자 운전을 하는 단계이고, 최고 수준인 5단계까지 가게 되면 운전자 개입 없이 완전히 자율주행하는 상황인데, 아직은 초기적인 단계라고 보시면 되겠습니다.

자율주행 프로세스를 보면 환경을 인지하는 부분과 현재 위치를 인지하는 부분이 있었습니다. 주변 환경과 차량의 현재 위치를 인지하고 현재 상황이 어떤지 판단하는, 그러니까 아무 문제없는 상황인지 어떤 조치를 취해야 하는 상황인지 판단을 하고 제어하면서 자율주행을 하는 것이죠.

환경을 인지하기 위해서 인지 과정에서 아주 많은 기술적인 요소들이 포함되는데요, 거기에서 주로 사용되는 센서들이 한 네 가지 정도 있습니다.

먼저 레이더라는 센서가 사용되는데요, 전자기파를 사용하는 감지 센서이고요. 비슷한 이름의 라이다라는 센서가 있는데, 이것은 전자기파 대신에 빛을 사용한다는 의미가 있습니다. 레이더보다는 좀 더 정밀한 센서라고 할 수 있겠습니다. 그다음에 광학 카메라와 초음파 센서가 포함이 됩니다. 초음파는 예를 들어서 태아 초음파 사진을 통해서 우리가 태아 형상을 알아볼 수 있는 것처럼 가청주파수를 초과하는 전파 대역을 사용하는데 반사파를 활용하게 되면 사물의 형태까지 파악할 수 있는 유용한 센서가 되겠습니다.

그림에서 보이듯이 이렇게 차량에 다양한 종류의 센서들이 설치가 돼서 환경 인식을 할 수 있습니다.

자율주행차 외부 인식 주요 장치

레이다
(전후방 차량 인식)

라이다(주변환경 360도 인식)

카메라(신호등 · 차량 · 보행자 등 분별)

초음파 센서(근접차량 인식)

레이다(전후방 차량 인식)

자율주행 자동차의 핵심 기술 중 센서기술
〈출처: 매일경제 2016.07.01.기사: https://www.mk.co.kr/news/special-edition/view/2016/07/473466/〉

🤖 센서의 정밀성이 결국은 인지의 정확성으로 나타나겠네요. 그게 가장 중요한 기술일 테고요. 그러면 미래의 자율주행 차량, 완전 지능형 자율 차량은 어떤 모습을 띠고 있을까요?

💬 아까도 언급했듯이 궁극적으로는 완전 자율주행 차량, 즉 사용자 혹은 이용자의 개입이 전혀 없이 모든 것이 인공지능에 의해서 작동하는 그런 차량이라고 할 수 있겠습니다.

레벨 5단계의 완전 자율주행 차량이 현실화되면 도로환경 및 자동차 실내환경이 많이 변화할 것으로 전망됩니다. 먼저 운전대가 사라지고 실내공간 구성이 달라질 것으로 예상되고, 자동차 이용행태도 변화할 것으로 예상됩니다. 완전 자율주행 자동차는 이동과 안전에 최적화된 공간이 아니라 "차대차" 사고가 발생할 확률이 거의 없으므로 이동과 안전은 기본으로 하고 업무 및 휴식의 공간으로 변화될 것으로 보입니다.

완전 자율주행 차량이 현실화되는 경우, 이에 따른 산업적 변화도 예상되고 있어요. "차대차" 사고 발생이 줄면서 보험수요가 줄어들 것으로 예상되고, 교통사고 환자가 줄어듦으로 인해서 의료업계도 영향을 받을 것으로 예상됩니다. 사고나 고장이 줄어들면서 자동차 정비업계도 영향을 받을 것으로 보이고, 자동차 실내에서 야간에 이동 중에도 숙박이 가능할 것으로 보여 호텔업계도 영향을 받을 것으로 예상됩니다. 항공업계도 자동차로 이동이 가능한 수요의 경우 영향을 받을 것으로 보입니다. 차량 이동 중에 운전이라는 행위가 사라진다면, 차량 내에서 영화나 드라마, 뮤직비디오와 같은 콘텐츠 소비를 통해 엔터테인먼트의 상승세가 예상됩니다. 완전 자율주행 차는 여행의 피로도와 부담을 줄여 여행업계에도 긍정적으로 작용할 것으로 예상됩니다.[3]

---

3 현대자동차그룹, 어디까지 바뀔까? 완전 자율주행차가 가져올 변화들, 2020. 02. 21.

현재 자율주행 기능을 가진 자동차를 제조하는 대표적인 제조사는 Tesla, Volvo, Toyata, Audi, BMW, Nissan, Mercedes－Benz, Ford 와 같은 기존 주요 전기차 혹은 내연기관 자동차 제조사들 대부분 입니다. 아래 표는 현재 판매되고 있는 자율주행 기능을 가진 차량 목록입니다. 보시는 바와 같이 많은 차량들이 자율주행 기능을 탑 재하고 판매되고 있습니다. 이미 통제된 도로환경에서 문제없이 자 율주행하는 완전 지능형 차량들이 점점 일반 도로환경에서 주행거 리를 늘려가면서 그 완성도를 높여가고 있습니다. 완전 지능형 차 량의 미래는 우리가 인지하고 있지 못하는 사이에 조금씩 우리 생 활 깊숙이 현실화되어가고 있는 상황입니다.

자율주행 자동차 제조사의 대표적 차량 목록

번호	제조자	모델	사진
1	Tesla	Tesla Model 3	
2	Volvo	Volvo XC40	
3	Toyota	Lexus LS	

번호	제조자	모델	사진
4	Audi	Audi A1 Sportback	
5	BMW	BMW iX	
6	Nissan	Nissan Leaf	
7	Mercedes-Benz	Mercedes-Benz C-Class	
8	Volvo	Volvo V60	
9	Ford	Ford Fiesta	
10	Volvo	Volvo XC60	

2.
자율주행 차량의 윤리적, 법적 책임의 문제

🤖 자율주행 차량의 연구동향과 기술 수준만큼이나 중요한 게 윤리적, 법적 책임 문제고 그 문제를 다루기 위해서는 '자율(Autonomy)', '자율성'이 뭔지 알아야 될 것 같습니다.

💬 네. 자율, 자율성이란 한마디로 '스스로 판단'하고, '스스로 결정'하고, '스스로 행위'한다는 의미입니다. 다른 말로 하면 간섭을 받지 않은 상태에서 위와 같은 것을 하는 것을 말합니다. '아마도 간섭, 영향을 받지 않는 경우가 과연 인간 사회에 존재할 수 있느냐'라고 되묻고 싶겠죠?

자율, 자율성이란 '관계'에서 비롯되기 때문에 완전한 자유가 없듯 완전한 자율은 없다고 봐야죠. 국가와 시민, 사회와 개인, 아버지와 아들, 부장과 신입사원, 친구와 친구 사이를 생각해 볼 수 있죠. 우리는 단지 관계적 자율(relational autonomy)만 말할 수 있습니다. 이런 측면에서 자율의 문제는 '정도'의 문제이며 엄밀한 의미에서 상대적인 것이죠. 절대적 자율성이 아닌 상대적 자율성의 범위와 강도의 문제로 환원되는 겁니다.

또 맥락에 따라 자율성의 성격이 달라지죠. 국가와 국가, 사회계급 간 관계에서 자율성의 성격은 다르게 이해됩니다. 이를테면 아테네와 아테네 식민지 도시국가 사이의 자율성, 계급사회에서 계급 간 자율성은 다르죠. 또 지향하는 가치 혹은 이념에 따라 자율성 개념이 달라집니다. 자유와 평등의 이념을 제시한 근대적 시민에게 있

어 자율성, 공산주의자들이나 전통주의자 또는 무정부주의자들이
말하는 자율성의 개념은 다른 것입니다.

그런가 하면 칸트는 '도덕법칙을 존중하면 그 도덕법칙을 보편법칙
으로 받아들이고 잘 지키는 것'을 '자율'이라고 이해했죠. 칸트에게
자율은 다른 말로 '적극적 자유의 실천'과 같은 의미입니다. 칸트가
쓴 『실천이성비판』은 결국 이 이야기를 하는 책입니다. 우리가 기
억할 필요가 있는 것은 칸트가 인간은 자신만의 자율성만이 아니라
타자의 자율성도 철저하게 존중해야 한다고 반복해서 강조한다는
점입니다. 자율은 당연히 책임(responsibility)을 수반합니다.

1792에 출간된 칸트의 『실천이성비판』 표지

🤖 앞에서 자율주행 차량의 작동 원리 그리고 기술 수준에 대해서 살펴보았는데요. 자율주행 차량, 사고가 났을 때 과연 누가 윤리적 혹은 법적인 책임을 져야 합니까?

💬 윤리와 법이 항상 일치하지는 않죠. 갈등하는 상황이 있고 일치하는 상황이 있는데 결국 핵심은 현재 기술 수준에 달려 있다고 말씀드릴 수 있습니다.

원리적으로 자율주행 사고이든, 의료 사고이든 간에 그 결과에 대해서는 행위의 참여자, 상황 관련자들은 도덕적 책임을 진다고 말씀드릴 수 있습니다.

그것은 법적인 책임과 관련돼서는 법적 책임의 귀속 여부, 책임 배분은 현재로서는 자율주행 차량의 소유 여부, 운행 여부, 운전 여부에 달려 있다고 볼 수 있겠습니다. 사고가 하나의 결과이기 때문에 법적 책임 역시 결과주의적인 입장에 따라서 판결이 나겠죠.

현재처럼 기술적으로 완벽한 인공지능에 의한 자율주행이 이루어지지 않는 이상, 5단계 수준에 이르지 않은 이상 법적 책임의 문제는 소유주, 또 제조사의 책임 배분 문제가 되겠습니다. 차량은 불안전한 주행 보조 수단으로 판정이 나고 소유주의 주의 책임, 관리 책임을 물을 수가 있겠죠. 또 제조사에서 기술적 결함이 있는지 없는지 판정 여부가 책임 비율을 결정하는 요인이 될 겁니다.

🤖 만약에 자율성 정도가 많이 향상이 돼서 인공지능이 알아서 판단하고 또 운전을 할 수 있다면 인공지능에 행위자성을 부여할 수 있지 않을까요?

💬 행위자성을 당연히 부여할 수가 있죠. 왜냐하면 스스로 행위했고, 그것이 곧 행위자성을 의미하는 거니까요.

여기서 우리가 주목해야 하는 것이 2016년 개정된 미국 미시건 주의 자동차 법안(Michigan Vehicle Code) 내용입니다. 이 법조문의 요지는 인간의 운행자 없이 자율주행 시스템을 작동시키는 경우 이 자율주행 차량을 운전자나 운행자로 간주해야 한다는 것, 한마디로 말해 자율주행 5단계 차량에 한해 운전자성을 인정한다는 의미입니다. 법률적인 개념으로 바꿔 말하면 자율주행 차량을 전자적 인간으로 간주하면서 '법인격성'을 부여하는 것입니다.

자율주행 차량의 법적 지위에 대해 법인격성을 부여하고 운전자성을 부여하는 것은 미국의 경우만이 아니라 영국, 독일 등 일반적인 추세입니다. 그도 그럴 것이 5단계 완전 자율주행 차의 등장은 시간 문제일 뿐이기 때문입니다. 우리나라는 2020년에 〈자율주행차 상용화 촉진 및 지원에 관한 법률〉을 제정, 시행하고 있으나 '운전자성에 관한 법조항'은 만들어지지 않은 상태입니다.

법인격성 부여와 관련해 기억해야 할 문제가 있습니다. 이론적인 입장에서 그것에 대해 완전히 부정하는 사람들이 있다는 겁니다. 자율주행 차량이 아무리 발전해도 '도구', '기계'에 불과한 것이기 때문에 행위주체성이니 법인격을 부여할 필요가 없다는 입장입니다. 이런 생각을 하는 사람들은 소위 법인격, 곧 법적 책임의 주체를 인간에 국한시키는 것이죠.

그런데 자율주행 차량의 법적 지위, 법인격을 인정한다 하더라도 윤리적인 문제가 해결되는 것은 아니고 자율주행 차량과 그 소유주와의 관계를 생각하지 않을 수가 없습니다. 소유권 자체가 차량 소유주에게 있고, 그러니까 운행자가 되겠죠. 수행을 위임한 경우에 자율주행 차량에서 운전자는 자율주행 차량이 될 테고요. 이때 소유주 역시 관리 책임에 대한 윤리적인 책임을 질 수밖에 없죠. 철학자들과 달리 법학자들은 이러한 책임 문제를 소위 '후견적 책임'이라고 부릅니다.

엄밀히 말해 완전 자율주행 차량은 완전한 행위자성을 인정받는 것이 아니라, 소위 준행위자성, 유사 행위자성을 갖는다고 봐야 할 것입니다. 왜냐하면 운행의 궁극적인 이익을 활용하는 주체는 바로 자율주행 차량 소유자이기 때문이겠죠. 이것은 소유자가 운행자고 자율주행 차는 운전자가 된다는 것과 같은 의미입니다. 그래서 차량 운행의 이익을 갖는 운행자인 소유자에게 궁극적으로 책임이 귀속될 것으로 이렇게 보입니다. 이때 책임은 윤리적 책임만이 아니라 민사법과 형사법상의 법적 책임도 포함된다고 할 수 있습니다.

😊 **앞에서 살펴본 예와 마찬가지로 자율주행 차량의 오작동, 기술적 결함으로 난 사고의 경우는 어떻습니까?**

💬 사고에 관한 한 직간접적인 사고 관여자들은 심리적이건, 물적 피해이건 간에 윤리적인 책임을 피할 수가 없습니다. 결국은 법적 책임에 대한 문제일 텐데요, 이 경우에는 지금 현재 일반 자동차 사고와 큰 차이가 없을 것으로 봅니다.

지금도 일반 자동차의 오작동, 오발진 사고들이 종종 일어나지 않습니까? 이 경우에 1차적인 책임은 결국 제조사가 쥐게 되죠. 제조물 책임법에 근거해서 차량 소유주는 손해배상을 청구하는 그런 형태가 될 것으로 보입니다.

😊 **충분히 검증이 돼서 상당히 완전하다고 생각되는 인공지능이 자율주행 차량에 탑재된 이후에 그 차량이 사고를 낸 경우는 책임 소재가 어떻게 될까요?**

💬 이 문제는 생각보다 그렇게 간단하리라고 보지는 않습니다. 1차적으로는 제조사 책임은 아니죠. 왜냐하면 충분히 검증되어 있고 또

완전하다고 하는 전제가 있기 때문이죠. 그 경우에는 제조사의 책임을 물을 수가 없습니다. 제조사가 모든 사고 상황을 가정해서 만들 수는 없으니까요.

그러면 자율주행 차 소유주의 책임이냐? 소유주의 책임이라고 볼 수도 없습니다. 왜 그럴까요? 인지하고, 판단하고, 제어하는 과정에서 자율주행 탑승자이자 소유주인 내가 판단에, 결정에 개입하고 있지 않다면 책임 소재를 물을 수가 없죠.

결국은 완전하고 결점이 없는 자율주행 차량에 의해서 운행이 됐다면 그 법적 책임의 소재는 바로 완전한 완전 자율주행 차량한테 있다고 봐야 되고, 이 경우에는 준행위자성이 아니라, 완전한 행위자성을 부여한 것과 같다고 보면 되겠습니다. 그래서 모든 판단 착오나 오류, 사고의 원인과 책임도 결국은 자율주행 차량에게 귀속되는 셈이죠.

행위자성이라는 측면에서 행위자 처벌 원칙에 근거한다고 보면 되겠습니다. 로봇에 관한 유럽 시민 법규나 유럽의회에서도 최근 2017년도에 로봇을 '전자적 인격체'로 간주하기 시작했습니다.

이것이 의미하는 바는 결국은 완전한, 완벽한 안전성의 문제가 없는 자율주행 차량이 만들어지고 그것이 상용화된다고 하면 완전한 행위자성이 인정이 되는 것이죠. 일반 인간 주행자와 운전자와 동일한 윤리적, 도덕적, 법적 대상이 되는 것이죠. 법적 책임도 마찬가지이고요.

결국 이런 법적 책임의 문제는 완전 지능형, 자율주행 차량을 완전한 자율성을 가진 것으로 볼 것인지, 아니면 제한적 자율성을 가진 개체로 볼 것인지, 혹은 안전한 행위자성 혹은 준행위자성을 가진 개체로 보느냐인가요?

그렇죠, 핵심은 바로 거기에 있습니다. 완전한 행위자성, 준행위자성 중 어느 것으로 볼 것인가? 그게 결국 핵심이죠.

PART 7

누구에게 수술을
받으시겠습니까?
인간 의사 or 의료 로봇

1997년 개봉된
오래된 영화 <가타카(Gattaca)>의
주인공 형제 중 형 빈센트는 자연생식으로,
동생 안톤은 유전공학의 힘을 빌려 인공생식으로
태어난다. 그런데 이것보다 우리에게 현실적으로
다가오는 의료적 사건이 있다. 바로 병명을 찾는 의료 로봇,
약을 개발하는 의약을 연구하는 AI, 수술하는 의료 로봇 이야기이다.
자, 사고 실험을 해보자.
당신이 다쳐 외과 수술을 받아야 한다.
당신은 인간 의사나 의료 로봇의 수술 중 선택해야 한다.
수술능력은 차이가 없다.
최근 3년간 평균 의료 사고 비율은 차이가 없다.
수술비용은 인간 의사에게 하는 경우 당신의 1년 연봉이며
의료 로봇의 경우 연봉의 80%이다. 당신은 누구에게 당신의 몸을 맡길 것인가?
저렴하지만 차가운 의료 로봇과 따뜻하지만 비싼 인간 의사 사이에서
우리는 고민하게 될지도 모른다.
어쩌면 우리는 약국에서 약을 제조해주는 약사 AI보다
수술하는 의료행위자 의사 AI를 먼저 만나게 될 수도 있다.
그런가 하면 지구의 어느 나라에서는 로봇의 인간 대상 의료 행위를
전면 금지하는 법을 제정할 수도 있다.
수술대 위에서 의사 AI가 나에게 웃으며
'걱정말아요, 인간님. 어려운 수술 아니고 금방 끝납니다'라고
말하는 날에 어떤 웃음을 보여줄지 생각하며
미래의 의료 로봇을 만나러 가보자!

1.
현재 의료 로봇 어디까지 왔나?

교수님, 자율주행 차량 못지않게 지금 이슈가 되고 있는 것이 의료 로봇, 수술 로봇이라고 할 수가 있는데, 인간의 건강과 수명에 미치는 영향이 실로 지대하지 않습니까? 지금 의료 로봇의 기술, 어디까지 왔고 어떻게 활용되고 있는지 궁금합니다.

의료 수술 로봇도 자율주행 차량과 비슷한 개념입니다.

2015년 식품의약품안전처에서 발간된 〈경피적 시술 보조 로봇의 안전성 및 성능 평가 시험법 가이드라인〉에 따르면 '의료 로봇', '메디컬 로봇'을 말하는데요.

의료 로봇은 수술 로봇(surgery robot) 그리고 수술 보조 로봇으로 정의하고 있고, 수술 로봇은 수술의 전 과정 혹은 일부를 의사 대신 또는 함께 작업하는 로봇으로 정의를 하고 있습니다.

의료 로봇도 자율주행 차량과 비슷한 개념으로 수술자의 개입 여부에 따라서 그 자동화 정도가 결정된다고 볼 수 있습니다.

지금 보시는 그림은 원격 로봇 수술(remote tele−robotic surgery)을 보여주고 있는데요, 의사는 실제 수술 로봇과 떨어진 곳에서 원격 조정에 의해 수술을 진행하고 있고, 수술 방에서는 실제 수술 로봇이 수동적으로 기계적인 동작을 하고 있는 모습입니다.

의료용 로봇의 시작은 1985년 산업용 로봇인 'PUMA560'을 뇌수술에 사용하면서 의료용 로봇의 가능성을 확인했는데요. 특히, 2000년에는 수술 로봇으로서 세계 최초로 FDA 승인을 받은 Intuitive Surgical 사의 '다빈치(Da Vinci)'라는 수술 시스템이 본격적인 수술 로봇 시대를 열었습니다.

국내 기술 수준을 보면, 2018년 3월 14일에 최초의 국산 수술 로봇인 '미래 컴퍼니'의 의료용 수술 로봇 '레보아이(Revo-i)'가 식품의약품안전처로부터 승인을 받고 출시된 상황입니다.

이 국산 수술 로봇 레보아이는 2020년에 10월 23일 현재 가톨릭 의

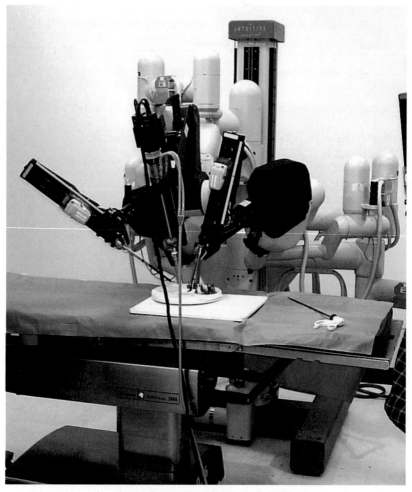

Intuitive Surgical 사의 수술 로봇 시스템, 다빈치

〈위키피디아〉

대 '가톨릭국제술기교육센터'의 자궁절제술과 위장절제술 시연 연수회에서 사용되었습니다. 이 수술 로봇에 대한 의사들의 평가는 국내 수술로봇의 성능은 최고 수준은 아니지만 점점 그 수준이 개선되고 있고, 가격경쟁력 면에서 긍정적으로 내다보고 있는 실정입니다.[1] 또한, 2021년 3월 15일에는 기쁨병원에서 100례를 돌파하면서 임상 경험을 쌓아가고 있습니다.[2] 2021년 11월에는 한국원자력의학원에서 이 수술 로봇을 도입, 본격 운영에 들어갔다고 합니다.[3]

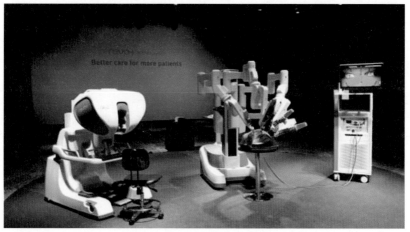

미래 컴퍼니. 수술 로봇 '레보아이'

⟨http://www.irobotnews.com/news/photo/201912/19166_44001_345.png⟩

1 박선재, 국산 수술 로봇 레보아이 가능성은?, 메디컬업저버, 2020.10.26.
2 이상철, 기쁨병원, '레보아이(Revo-i)' 복강경 로봇수술 100례 돌파…합병증 발생 '0', 후상신보, 2021.3.15.
3 신지호, 원자력병원, 국산 복강경 수술로봇 '레보아이' 도입, 데일리메디, 2021.11.01.

🤖 **국내 의료현장에서 의료 로봇의 사용 사례는 어떻습니까?**

💬 보고된 바와 또 제가 조사한 바에 의하면, 고려대 안산병원과 원주 세브란스기독병원 그리고 고신대 복음병원에서 다빈치 Xi를 도입해 사용하고 있습니다. 부산대, 인하대와 충북대 등 많은 병원에서도 다빈치 수술 로봇을 활용한다고 합니다.

🤖 **'로봇 수술'과 '수술 로봇'은 다른 건가요, 아니면 혼용되어 사용되는 개념인가요?**

💬 좋은 질문이에요. 일반적으로 수술 로봇은 말 그대로 수술을 할 수 있는, 하는 로봇을 말합니다. 이와 달리 로봇 수술은 인간 의사가 주로 정밀한 수술을 할 때 활용되는 로봇을 지칭하는 것이죠.

🤖 **교수님, 거꾸로 돌아가는 질문 같긴 한데 '로봇'의 의미, 연원을 정확히 알려주셨으면 합니다.**

💬 일반적으로 로봇이란 말의 어원은 체코어인 robota에서 유래했다고 알려졌습니다. 이 말은 원어로 노동을 뜻합니다. 로봇이란 말을 일반적으로 사용하게 된 계기는 좀 다릅니다. 카렐 차페크(Karel Čapek)라는 극작가의 희극인 〈R.U.R〉의 등장에서 개념이 보급됐고 널리 사용되기 시작했습니다.

카렐 차페크

2.
의료 로봇의 윤리적, 법적 책임의 문제

그렇다면 의료 로봇 중에서도 수술 로봇이 갖는 새로운 윤리적 문제는 무엇이 있을까요?

수술 로봇의 기술 수준과 활용 범위가 말씀하신 대로 현재로서는 굉장히 제한적인데, 그럼에도 불구하고 당연히 많은 윤리적 문제가 있죠.

첫 번째는 환자의 병의 치료 목적으로 수술 로봇이 의사의 명령과 조종을 받아서 시술하게 되지 않습니까? 이 경우에 수술 로봇은 단순히 치료 행위의 대리자가 아니라, 도덕적 대리인이 되는 것이죠. 그런데 수술의 책임은 궁극적으로 누구한테 있을까요? 최종 책임은 의사에게 귀속됩니다. 수술 로봇의 자율적 판단이 개입되지 않기 때문입니다. 수술 로봇의 오작동 역시도 관리 책임이 의사에게 귀속된다고 볼 수 있겠습니다. 현행법상도 법적으로 형사책임은 수술을 집도한 집도의, 수술팀, 넓게는 해당 의료기관이 지게 됩니다.

둘째 문제는 수술 로봇에 의한 시술 중 예상치 못한 의료 사고가 발생할 수 있죠. 또 사후 합병증이 발생할 수도 있는데, 수술 로봇을 사용하지 않았을 때는 책임의 소재가 의사겠죠. 그런데 수술 보조 로봇이 아니라 상당한 수준의 자율형 수술 로봇을 사용하는 경우 책임이 굉장히 모호해질 수 있습니다. 책임의 범위와 강도, 비율 등을 가려야 하기 때문이죠. '책임 경계의 모호성'이 발생할 수 있지요.

그다음에 세 번째로 수술로봇의 안정성과 시술 성공률이 일반 수술보다 높은 경우에 많은 사람들의 선택은 자명하죠. 수술 로봇을 선택하지 않겠습니까? 이 경우에는 수술 로봇을 선택할 수 있는 자율성을 가진 선택지가 있는 분과 그렇지 않은 사람 간 접근성에 대한 문제가 발생할 것이고, 곧 그것은 의료 복지, 의료 정의와 관련된 문제라고 할 수가 있겠습니다.

교수님 말씀을 들으니, 수술 로봇의 책임의 귀속 문제, 범위 및 한계, 접근성의 문제로 어느 정도 요약이 되는데요. 만약에 수술 로봇 기술의 발달로 로봇 의사에 의한 시술의 안정성이 확보가 된다면 어떤 윤리적 혹은 법적 문제가 발생할까요?

기본적으로는 자율주행 차량보다 더 심각한 윤리적인 문제가 발생한다고 볼 수 있습니다. 같은 것 같지만 전혀 그렇지 않죠. 왜 그러냐면 로봇 의사는 바로 인간의 생명 자체를 다루기 때문입니다. 이 경우에 무엇이 쟁점이 될까요?

로봇 의사의 조건과 자격, 또 로봇 의사의 의료 책임의 범위와 한계, 법적 책임 문제가 될 것입니다. 그런데 이 세 가지의 대전제가 있겠죠. 대전제가 뭐가 될 수 있을까요?

대답을 하기 전에 먼저 우리가 생각해 봐야 할 것은 로봇에게 법적 지위를 부여하려는 움직임이 있다는 것입니다. 유럽연합의회는 2017년 1월 12일에 로봇의 법적 지위를 '전자인간(electronic person)'으로 규정했습니다.

유럽의회의 〈AI 로봇 결의안〉은 엄밀히 말해 로봇에게 법적인 부여를 했지만 인간을 위한 로봇, 로봇의 위험에서 언제든 벗어날 수 있는 소위 '킬스위치(Kill Switch)'의 장착에 관심이 모아지고 있습니다. 킬스위치는 인간이 로봇의 작동을 언제든지 버튼 한 번 눌러서 멈추게 할 수 있는 것을 의미합니다. 킬스위치가 상징하는 바는 한마디로 AI 로봇에 대한 완전한 통제라고 할 수 있죠.

다시 돌아가 대전제로는 인간이 로봇 의사를 인간 의사와 동일한 도덕적 주체이자 책임의 주체로 인정해야 된다는 것, 그다음에 로봇 의사가 인간 의사와 동일한 수준 혹은 그 이상의 환자와의 상호작용성을 갖추고 의학기술, 시술능력을 갖고 있는 것. 이게 대전제가 되어야 되겠죠.

환자가 인간 의사나 로봇 의사에 의해서 수술받는 것을 자유롭게 선택할 수 있는 경우에는 더 이상 도덕적 수행의 인공성이나 로봇 의사의 인격성 여부가 문제가 되겠습니까?

될 수가 없겠죠. 사라지는 것이죠, 그 경계가. 오히려 환자들의 선택에 의해서 인간 의사와 로봇 의사에 의해서 자연스럽게 퇴출되는 그런 상황도 생각해 볼 수가 있겠습니다. 더 나아가서 로봇 의사에 의한 새로운 수술법이 등장하고, 또 새로운 의약품이 만들어질 수 있겠죠. 그 경우에 인간의 생명은 완전히 로봇 의사에게 맡겨지는 상당히 심각한 상황이 발생할 수가 있습니다. 이것을 인간 종의 측면에서 봤을 때는 단순히 의료적 퇴행이 아니라, 의료적 인간 절멸의 가능성을 담고 있는 미래적 사건이 되지 않을까? 그런 생각을 합니다.

🤖 그야말로 인간이 로봇 의사에 의해서 마루타로 전락할 수도 있다는 블랙 시나리오 같은 말씀이신가요?

🤖 그렇죠. 미래를 다룬 SF 영화에서 그려지는 블랙 시나리오가 왜 가능하지 않다고 단정할 수 있겠습니까? 그래서 저는 로봇 의사의 업무 제한 범위가 중요하다고 생각하고, 로봇 의사의 윤리 알고리즘을 어떻게 구성할 것인지가 결국은 인간 종을 보전하는 것, 인간의 생명과 관련된 문제를 해결하는 근원적인 방법이 되지 않을까? 그런 생각을 합니다. 그래서 통제 가능한 도구적 보조자로서 로봇 의사. 이것이 우리들이 기대해야 하고 지켜져야 할 중요한 문제라고 생각을 합니다. 결국 생명의 영역이 과거에는 신의 영역이었는데, 인간이 생명을 관리하는 수준이었다가 이제 다시 생명의 문제를 로봇 의사에게 넘기는 것을 인간 스스로 수행한다면, 이것은 인간이 저지르는 도박과 같은 반인륜적 도박의 차원이라고 생각이 되고, 이것은 인간의 제1 기준, 인류의 제1 기준인 '종보전 법칙'을 스스로 범하는 아주 위험한 일이 되지 않을까, 그런 생각을 합니다. 물론 이론적인 차원에서 그렇다는 것이죠.

🤖 교수님 말씀을 들으니까 과장된 이야기 같지만 또 그렇지 않다고 보장할 수도 없는 상황인 것 같은데요.

🤖 그래서 저는 현 단계에서 박 교수님과 같이 인공지능을 연구하시고 또 개발에 종사하시는 분들의 역할이 굉장히 중요하다는 생각을 하고 있습니다. 약한 인공지능 단계에서나 강한 인공지능 단계에서 결국 착한 인공지능의 알고리즘, 여기에 승부가 있다고 봅니다. 왜냐하면 자율 차량이든 의료 로봇이든 간에 결국 인간의 공공성, 인류의 복지 차원에서 문제가 되는 것이지 그 이상의 존재 의미를 인공지능에 부여할 수 없기 때문이죠.

PART 8

선생님도 학교도
사라지는 날이 정말 올까?
AI 시대의 학교의 안과 밖

AI의
등장과 함께
가장 흔하게 나오는
질문 중에 하나가
'선생님 역할을 하는 AI 선생님이 등장할까요'와
같은 것이다. 만약 선생님 AI가 등장한다면,
개인 지도를 해주는 AI 과외 선생님도 등장해서
AI 선생님을 살 수 있는 돈만 있다면
굳이 학원을 가지 않아도 될 것이다.
AI 선생님의 등장과 함께 벌어질 풍경들을 생각하다 보면
우리는 자연스럽게 공부한다는 것,
선생님, 교육의 본질, 학교의 기능 등에 대해 다시 한번 생각해보게 된다.
교육과 배움에 대한 재사유라고 할까.
그런 생각을 학생, 교사, 학교 안과 밖의 관계자들은 하지 않을 수 없다.
AI 선생님이 우리에게 줄 수 있는 것과 없는 것은 무엇이고
과연 학교라는 관념은 사전에서나 볼 수 있는 단어가 될까?
이 문제들의 주변을 천천히 둘러보자.

1.
교육 영역에서 AI 활용

🤖 교수님, 요즘 초등 교육과정이나 중등 교육과정에서 코딩, 대학 교육
과정에서도 컴퓨터 사고가 강조되고 있지 않습니까? 또 AI가 발전되
면서 교육에 활용될 가치, 활용 범위가 굉장히 넓을 텐데요. AI가 교
육에 활용되기 위해서는 기술적으로 어떤 것이 필요하며, 현재 어떤
단계까지 진행됐는지 말씀해 주시죠.

🤖 AI가 사람을 가르치기 위해서는 일반적으로 자연어 처리 기술, 특
히 대화 기술(예를 들어서 챗봇 기술)이 필요합니다. 그리고 딥러닝에
의한 컴퓨터 비전으로 학습자의 상황 인식이나 음성 인식을 하고
인식된 결과를 다시 학습자에게 얘기해 주기 위해서 특히 음성 측

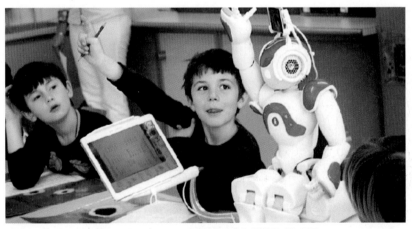

미국의 초등학교에서 AI 로봇과 함께 수업에 참여하고 있는 장면

〈Facebook〉

면에서 텍스트 음성 변환(TTS) 기술이 필요합니다. 요즘 음성 인식 부분에서는 음성분석 스피커가 상용화되어 있죠. 스마트폰에 음성 인식 앱도 나와 있습니다.

그리고 질문에 대해서 답해주기 위해서 검색(information retrieval)이나 추천 기술(information recommendation)이 필요한데 구글이나 아마존(Amazon), 그리고 바이두(Baidu) 같은 기업들이 아주 잘 구축한 기술입니다. 그리고 지식베이스, 빅데이터 기술이 필요하고요, 우리가 앞에서 감성로봇들을 살펴보았는데, 학습자를 잘 어루만져 줄 수 있는 감성기술이 필요합니다.

현재 자연어 처리 기술, 대화 기술의 발전 단계를 보면 튜링테스트를 통과한 구스트만, 챗봇이 기술적으로 잘 발전해가고 있고요. 사람과 소통하는 HCI 기술, 검색/추천 기술은 온라인 쇼핑몰에서도 이용자가 필요로 하는 적절한 상품을 잘 찾아서 제공해줄 수 있는 성숙한 단계까지 이르고 있습니다. 지식베이스/빅데이터 기술은 정교하고 적용 영역을 넓혀가는 단계에 있다고 할 수 있겠습니다.

이런 감성기술 쪽에는 교육에서의 지식 전달뿐만 아니라, 사회화나 협력, 콜라보레이션, 커뮤니케이션, 그런 기술까지도 학습시키는 데 도움이 될 수 있지만, 아직은 걸음마 단계라고 할 수 있는데 그렇지만 인간 교사의 영역까지 넘보는 기술이라고 할 수 있겠습니다.

교육의 영역도 다양하지 않습니까? 공교육, 사교육, 고등교육, 직업교육, 평생교육 등 광장히 다양한데 이들 교육 영역에서 기술적으로 볼 때 AI 교사의 적용 상황은 어떻습니까? 어떻게 예상할 수 있나요?

앞에서 보여드렸던 사례들에서 볼 수 있겠는데요, 국외의 경우와 국내의 경우 조금 다릅니다. 국외의 경우에는 사교육 시장이 크게 형성되지 않아서 영국의 초등학교 공교육에 도입한 사례가 있습니다. 우리나라는 아무래도 사교육 시장이 형성되어 있는 특수한 교육시장 형태를 보여주고 있는데요. 취학 전 혹은 초등학교 저학년 수준에서 정형화된 교과, 예를 들어 수학 쪽 사교육, 학습지 시장에 지금 적용되고 있는 상황입니다. 그리고 음성 인식 혹은 텍스트 음성 변환(TTS) 기술을 활용해서 영어 학습 콘텐츠로 활용이 되면서 영어 교과 학습교사로 지금 막 적용이 되고 있는 그런 상황입니다. 우리나라는 아직 공교육에는 적용되지 않고 있고요.

대신에 고등교육(higher education) 쪽에 적용을 하려고 노력하고 있는데요, 특히 대학교 이상의 경우 미국에서 이미 적용되고 있었습니다. 컴퓨터 분야에 아주 유명한 미국의 조지아텍이라는 대학교에서, 컴퓨터 프로그래밍 수업 조교로 질 왓슨(Jill Watson)이라는 인공지능 조교를 도입했는데요. 질 왓슨은 IBM의 Watson 플랫폼을 바탕으로

조지아텍 컴퓨터과학과 교수인 에쉬옥 고엘 교수가 Jill Watson을 포함한 그의 수업조교들과 함께한 장면

〈Chronicle〉

한 지식 기반 AI입니다. 바로 조지아텍(Georgia Tech)의 에쉬옥 고엘 (Ashok Goel) 교수가 컴퓨터 과목 채점을 위해서 질 왓슨을 개발했습니다.

다른 분야에는 인공지능이 일정 수준의 지식을 갖추게 되면 그것은 지식베이스 형태로 나타날 텐데요, 지식베이스가 어느 정도 구축이 되면 교육에 활용될 수 있을 것으로 기대합니다. 예를 들어 중국에서는 2017년 8월에 의료 분야 AI가 의사시험을 쳐서 합격한 사례가 있었고요, 그것보다 두 달 앞선 2017년 6월에는 중국 수능시험, 특히 수리탐구 영역에서 150점 만점에 100점, 그리고 105점을 맞는 수준의 수학 실력을 보였습니다.

일본 정부는 수능 주관식 채점에 AI를 활용하려는 시도를 보였습니다. '도로보군(東ロボくん)' 프로젝트를 통해서 인공지능 로봇을 도쿄대에 입학시키려는 시도가 있었습니다. 비록 실패했지만, 4~5년간 진행된 프로젝트에서 상당한 AI 기술 발전에 진전을 이룬 것으로 평

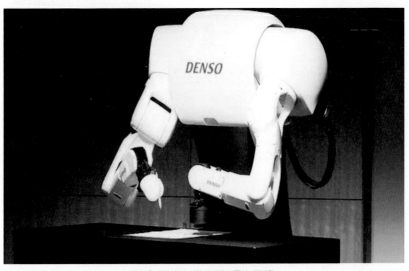

답안을 작성하고 있는 도로보군의 로봇팔

〈이브닝뉴스, MBC〉

가되고 있습니다.

이렇게 지금 단편적으로 적용되고 있는 AI의 교육 분야 적용은 전문 분야 교육 혹은 협력에서 시작해서 법률, 의료 분야로 확대해가면서 쉽게 교육에 도입될 수 있는 분야부터 시작해 직업교육, 평생교육 분야까지 확대될 전망입니다.

2.
AI 시대의 교육에 대한 생각들과 방향

교수님, 4차 산업혁명 시대에는 3차 산업시대에 필요했던 인재상과 역량과는 조금 다를 것 같은데요. 어떤 인재상이 필요하다고 보십니까?

2015년도 세계경제포럼에서 인공지능 시대의 3대 핵심 역량으로 인성 역량, 기초문해 역량, 문제해결 역량을 발표했습니다. 아울러 세계경제포럼에서는 2020년에 향후 필요한 역량으로 비판적 사고, 창의성, 대인관리, 타인과의 협조, 복잡한 문제해결 역량, 정서지능 역량, 판단과 의사결정, 서비스 지향성, 협상, 인지적 유연성. 이렇게 10가지를 제시했습니다.

교수님, 사실 많이 들어본 역량들 같은데요. 새로운 특징이라고 볼 수 있는 것은 무엇일까요?

제가 볼 때 10가지 역량을 크게 두 가지로 범주화할 수 있을 것 같습니다. 비판적 사고, 창의성, 복잡한 문제해결, 판단, 인지적 유연성, 이것은 '사유 역량'의 하위 요소라고 볼 수 있고요. 나머지는 '인성 역량'에 해당되는 하위 역량들이라고 볼 수 있습니다. 주목할 만한 게 인성 역량 중에서도 공동체 역량을 강조하고 있다는 거예요. 서비스 지향성, 협상, 타인과의 협조 등이 여기에 해당된다고 할 수 있죠.

크게 보면 결국 인공지능 시대에 사유 역량과 인성 역량이 핵심 역량이라고 요약할 수 있겠습니다.

🤖 정서지능은 사유 역량에 해당되지 않나요?

🗨 지능 개념이 들어가서 그렇게 오해할 수가 있죠. 정서의 이해와 올바른 표현, 관리는 인성. 그러니까 넓은 의미의 인격교육, 혹은 가치교육의 주요 주제 중 하나라고 봐야 됩니다.

🤖 교수님이 보실 때는 다른 역량들은 필요 없다고 보십니까?

🗨 저는 소위 '교육 4.0' 시대에 세계경제포럼에서 설정한 두 역량 범주 이외에 하나의 역량 범주가 새로 더 설계되어야 된다고 보고 있습니다. 그중에서 가장 중요한 게 예술문화역량이라고 생각해요. 왜냐하면 창의성 교육을 함에 있어서 그 단초가 바로 자유로운 상상력이고 표현력이죠. 그것을 기르는 데, 육성하는 데는 예술체험의 교육만 한 것이 없습니다. 예술은 기본적으로 문화 리터러시 역량을 수반하게 되는데, 예술문화역량이 그래서 중요한 것이죠.
사실 세계경제포럼이 제시하는 정서지능 역량을 함양하는 데 예술문화역량이 매우 중요합니다. 정서의 이해와 표현의 세련된 형식이 바로 예술이고 문화이니까 그런 것이죠. 한마디로 이성과 인성만이 아니라 감성이 균형 잡힌 인격을 만들고, 바로 그런 의미에서 문화예술역량이 필요하다고 생각합니다.

2021년 1월에 50주년을 맞은 세계경제포럼 회의 장면

〈World Economic Forum/Greg Beadle〉

교수님이나 저나 학교에 있고 학교교육, 특히 대학교육을 담당하고 있는데요. 교육철학자나 일반교육 학자들은 인공지능 시대 대학교육의 목표, 교육과정, 교육학습의 변화를 어떻게 보고 있습니까?

사실 약간 놀랄 수도 있어요. 그것에 대한 연구가 그리 오래되지 않았기 때문이죠. 그리고 문제는 논자들마다 약간의 차이가 있지만 결국 대동소이한 얘기를 하고 있다고 말씀드릴 수가 있습니다. 혹자는 4차 산업혁명 시대라서 혁명적인 변화가 있을 것이라고 예상하죠. 그런데 과연 그런가?

제가 봤을 때 실상은 그렇지가 않습니다. 왜 그러냐면 인간교육의 근본 특성에서 오는 것이라고 볼 수가 있는데요. '혁명(revolution)'이라고 하는 레토릭(rhetoric)이 주는 담화효과가 한 이유가 될 것입니다. 교육사에서 혁명이라는 것은 사실 특정한 부분을 강조하거나 특화했다는 의미이고, 엄밀한 의미에서 정책의 강조, 방법론의 차이에 대한 강조를 교육혁명이다. 이렇게 설명해왔죠.

예를 들면 아테네 교육에서도 창의성은 중요한 주제죠. 또 비판적 사고, 인성교육, 예술. 이게 바로 당시 교육의 핵심이었습니다. 그것이 진선미 교육으로 나타났던 것이고, 아테네 교육의 기본 이념이었습니다. 4차 교육혁명이라는 것도 사실은 강조점의 변화인데, 마치 새로운 교육모델인 것처럼 강조하는 측면이 있다고 생각합니다.

교수님이 보실 때는 4차 교육혁명 혹은 '교육 4.0'은 교육 슬로건에 해당된다고 말씀하시는 것으로 들리는데요. 그럼에도 불구하고 인공지능 시대에 교수님이 말씀하시는 교육 강조점의 변화는 무엇이 있겠습니까?

제가 볼 때는 일단 교육철학의 입장에서 자유로운 개인의 육성, 평생학습 탐구자에 대한 초점이 맞춰져야 하지 않을까? 생각합니다. 그런데 이것은 지식인 또 전문인 교육이라고 하는 산업사회적인 교육이념이 변화무쌍하고 복잡한 지금과 같은 시대에 대한 교육적인 대응이고, 그렇게 될 수밖에 없기 때문이라고 보는 거죠.

새로운 교육철학은 유연하고, 자유로운 환경 적응과 환경주도자 육성에 초점을 맞출 수밖에 없다고 보고요, 또 교육과정과 관련돼서는 국가 주도의 기존의 초·중등 교육과정이 좀 더 유연화 되어야 하고, 교육 콘텐츠 및 프로그램이 좀 더 다양한 경로를 통해서 제공되

Education 4.0과 연관된 개념 태그 클라우드
〈ilmversity.com〉

어야 한다고 보고 있습니다.

대학의 경우는 집중이수제, 다학기제, 다전공제의 일반화가 되어야 할 것입니다, 이것은 학과제가 해체되어야 가능한 얘기겠죠. 학부 과정에서는 전공의 벽을 허무는 것이 매우 중요하다고 봅니다. 가령 인문학 관련 특정 전공을 학부에서 배우는 것은 별 의미가 없다고 봅니다. 철학 분야나 불문학을 생각해 봅시다.

이런 분야의 개론이나 개론을 약간 상회하는 수준의 교육을 학부과 정으로 이수한다고 해서 그쪽 분야의 전문가가 되는 것은 전혀 아니죠. 현재의 대학교육은 더 이상 과거 엘리트 대학 시대의 전문인 양성기관이 아니기 때문이죠. 인공지능 시대에 단순 지식기사 양성 자체가 제대로 된 인재상이 될 수도 없는 것이고요. 결국 융합형, 변화에 능동적으로 대응하는 인재를 양성하기 위해서는 시늉내기식 융합교육을 벗어나야 합니다.

학과의 벽을 허물고 인문학 분야의 전반적인 교육을 배우는 것이, 학생 자신의 삶에서나 인공지능 시대의 변화된 환경에 살아갈 수 있는 능력을 기르는 데 도움이 될 것입니다. 이런 교육을 하는 과 정들이 넓은 의미에서 융복합 교육인 셈이죠. 이런 교육과 학습의 시간이 축적될 때 창의적 인재가 만들어질 수 있다고 봅니다. 중등 교육과정에서 문이과 통합교육이 이루어져야 하고 대학의 인문사회 계열에서 자연과학＋사회과학＋인문학＋예술교육 통합교육 과정을 이수하는 방향으로 가야합니다. 이러한 방향으로의 전환 없이 '융 복합 교육'이니 '창의성 교육'이니 하는 것은 '지루한 유행가 가사' 나 '구호'일 뿐이라고 봅니다.

그렇다면 교육내용과 교육방법은 어떻게 변화해야 할까요?

교육내용 측면에서 보면 지금과 같은 특정한 기능적 역량교육보다는 심화된 형태의 통합적 역량교육이 필요하다. 또 교육내용 자체가 역량의 입체화, 다층화로 구성되어야 되고 그런 방향으로 진행이 될 것으로 보입니다. 교육내용과 관련해서 하나 더 말씀드리면, 세계경제포럼에서 예상한 2020 필요 역량에서 보듯이 인성교육은 도덕교육을 의미하는 것이 아니죠. 넓은 의미에서 가치형성교육이라고 할 수 있는 것인데, 그런 교육이 강조될 것으로 보입니다.

제가 볼 때는 개별적 역량교육으로서 독립코스가 아니라 교육내용에서 내용적으로 스며들게 해야 되고, 그것이 더 고차적인 교육내용 설계라고 봐야 되지 않을까? 그런 생각을 합니다. 교육방법은 클라우드 교육, 플랫폼 교육, 인공지능 기반의 교육이 초중등 교육과 고등교육, 또 평생교육에 전반적으로 일반화될 것으로 예측을 합니다. 교육방법에서 테크놀로지의 활용은 기본적으로 쌍방향 교육의 방법론적이고 기술적인 초점을 맞춰야 되지 않을까? 또 맞출 것으로 보고 있고요.

일방향 교육에서 부분 쌍방향 교육으로 발전되는 상황이고 계속 진전이 이루어질 것이라고 봅니다. 결국 미래에는 완전 쌍방향 교육으로 나갈 것이고 그것이 교육방법에 있어서 핵심이 되지 않을까 그렇게 생각합니다.

인공지능 기반의 교육환경과 교육방법의 기술적 다양화는 바로 교육의 공공성, 다시 말하면 교육기회의 강화로 나타날 것입니다. 또 지금과 같은 학교 안과 밖의 교육 물리적인 공간의 구분이 약화될 것으로 보는 게 대체적인 시각이죠. 인공지능 기반의 교육의 보편화가 제대로 실행된다면 국가 간 교육 격차, 또 특정 국가 내에서 교육 격차가 크게 해소되지 않을까? 그렇게 생각하고 있습니다.

🤖 교육자로서 제가 볼 때도 교수님이 말씀하신 방향으로 결국 가지 않을까 싶은데요. 교수님, 학교의 모습은 어떻게 변화되리라고 예상하십니까?

🤖 일단 제 생각보다 학교의 변화에 대한 연구에서 제시되는 것을 소개 하지요. 유럽위원회 산하의 합동연구소인 IPTS(Institute for Prospective Technological Studies)의 연구보고서에 따르면 학교를 중단하는 비율이 지금보다 증가할 것이라고 보고 있습니다. 또한 학교교육에서 '개 인의 요구와 선호를 중시하는 교수법'이 일반화될 것이고 학교 간 네트워크가 활성화될 것으로 내다봤습니다. 학교 간 네트워크의 일 상화는 과목교육에서만이 아니라 학생들의 목적과 관심에 따라서도 이루어질 것으로 예측합니다.

제가 볼 때에는 이보다 더 큰 변화가 일어날 것으로 판단됩니다. 학교체제가 지금처럼 유치원, 초등, 중등, 고등학교 이렇게 구분되 지 않고 통합형으로 바뀔 가능성이 얼마든지 있습니다. 유초등을 같이 묶는다든가, 초중등을 같이 묶는다든가. 또 실제로 학제 자체 가 사실 역사적 산물이지 않습니까? 6. 3. 3 체제라고 하는 것이요. 이것이 아마 무너지지 않을까 이렇게 보고 있습니다. 이 학제는 사 실 일제강점기 시대에 만들어진 것이죠. 또 지금의 학제를 지배하 고 있는 것인데, 변화는 불가피하다고 보고 있습니다.

학교 단위의 자율체제가 강화되겠죠. 지금의 자율형사립고 수준에 서 모든 대학이 자율형사립고 형태로, 학교운영에서도 학생, 교사, 학부모, 또 지역사회 거버넌스가 본격화되리라고 봅니다. 기존의 단선적인 교육체제에 문제가 있죠. 그런데 환경의 변화의 폭과 깊 이가 강화되고, 교육 관련자들의 협치가 결국 불가피할 것입니다. 그렇지 않으면 성공한 교육이 될 수가 없죠.

교과서 관련해서 말씀드리면, 지금 5종, 7종, 8종 더 확산될 수 있겠 죠. 그런데 학교별 교과서가 좀 더 다양화될 것이고, 결국 종국에는 교과서가 없는 수업이 되지 않을까? 그렇게 예상하고 있습니다. 미래 학교는 교사–학생–인공지능 협력체제가 되지 않겠습니까? 그래서 교과서도 공동 제작할 수도 있고, 새로운 학습 공동체가 되는 것이죠.

AI 시대의 교사의 역할은 어떻게 보십니까? 교사도 머지않아 사라질 것이라는 전망도 나오는데요. 어떻게 생각하십니까?

전통적인 교사, 또 오늘날 교사의 역할을 본다면 사실은 지식전달 자 역할이 아주 크죠. 실제로 권위주의적인 수업, 일방향 수업이 많 이 이루어지고 있지 않습니까? 그 관점에서 봤을 때 결국 교사도 장기적으로 보면 사라질 것이라고 예상하고 있습니다. 그 기준으로 봤을 때는 교사보다 학원 선생님들이 먼저 사라지겠죠, 지식전달자 로서의 차원에서.

그런데 교사는 단순한 지식전달자만이 아니죠. 삶의 상담자이고, 학생들의 정서 교감자이고, 또 인생 설계를 하는 데 관여할 수 있 지 않습니까? 그런 측면에서 볼 수 있다면 문제는 조금 달라지겠 죠. 사라짐의 정도 말이죠.

그래서 대인관계 능력, 정서지능, 판단력, 또 의사결정 역량, 이것 은 단순히 지식교육의 영역이 아니죠. 사회적 능력, 가치교육 영역

전통적인 방식의 교실교육(좌)과 컴퓨터를 통해 협력하며 스스로 학습하는 학습자들(우)

〈Pinterest.com(좌), Boungbai.com(우)〉

도 마찬가지고요. 과연 이것이 인공지능이 대체할 수 있는가? 아무리 감성로봇, 챗봇이 나온다고 하더라도 한계가 분명히 있다는 것입니다. 그런 의미에서 교사는 당분간 학교에서 존재할 것이라고 말씀드릴 수가 있겠습니다.

실제로 2016년도에 BBC 리서치 조사를 보면, 교사는 직업 대체율이 매우 낮은 몇 안 되는 직업군으로 예측을 하고 있죠. 물론 그렇다고 해서 교사의 역할이 크게 변화하지 않을 것이다? 그렇게 예측하기에는 또 무리가 있죠. 지식전달자 역할의 약화는 불가피하지만 인공지능 시대에 교사는 학습 컨설턴트, 또 학습 동행자라고 하는 보조적 역할을 수행할 것입니다. 지적 전수의 역할을 인공지능이 상당 부분 넘겨받으리라고 보고 있죠.

그럼 전통적 교사의 역할이 축소된다면 말 그대로 학습이 학생 주도에 의해서 진행되지 않을까? 학교의 풍경이 바로 그렇게 바뀌지 않을까 생각을 합니다. 흥미로운 것은 교육철학적 차원의 학생 주도 학습이 교육방향, 또 그것을 위한 교육공학적 방법들이 인공지능 기반의 교육환경이 구비되고 나서 완전히 실현될 수 있을 것이라고 보는 것이죠. 기술이 그만큼 교육의 모습을 바꿀 수 있고 바로 그 시대가 AI 시대라고 봅니다.

인공지능 시대의 학교의 변화와 관련해 교사의 역할에 대해 말을 했는데 그것과 관련해서 교수방법론에 대해서 말씀을 듣고 싶네요. 어떻게 보시나요, 교수님?

먼저 말씀드려야 하는 것은 교육방법에도 분명한 목적이 있습니다. 이전에 역량 이야기를 했는데 기존의 학교교육에서 소위 문제해결 역량을 대단히 강조했습니다. 그런데 제가 볼 때 인공지능 시대에 교수-학습은 문제해결력에서 한발 더 나아가 문제창조 능력을 배양하는 것을 궁극 목적으로 삼아야 할 것으로 보입니다. 문제창조란 상황, 사태, 국면 등의 문제를 새롭게 인식하고 방향을 설정해 나아가는 것을 말합니다. 주어진 환경에 수동적으로 반응하는 훈련이 아니라 선도적인 문제설정과 문제발전 역량을 키우는 방향으로 교수-학습이 이루어져야 인공지능 시대에 부응하는 교육이라 보입니다.

좀 더 들여다보면 교수방법론도 기술의 발달과 관련이 매우 크다고 말씀드릴 수 있습니다. 가령 인쇄술이 발전되기 이전과 이후 교수-학습에서 '암기'의 방법론적 지위가 달라지죠. 교과서를 학생들이 가질 수 없는 시대에 암기는 핵심적 교수-학습방법입니다. 아리스토텔레스가 교육에서 '기억'의 기능을 강조하는 이유도 그런 사정이 있는 셈이죠. 인터넷 시대에는 인터넷을 활용한 교육, 인공지능 시대에는 당연히 인공지능 기반의 교육이 이루어져야 하고 이루어질 수밖에 없는 것입니다.

이런 이유로 학교교육에서 '인공지능 기반 인문학 교육모델', '영어, 음악, 미술교육, 디자인 교육 영역에서 인공지능 기반 교육과정 개발' 등 각각의 교과교육에서 인공지능 기반 교육방법, 수업모델 등에의 연구와 실천이 활발히 이루어지고 있습니다. 같은 차원에서 새로운 인공지능 교육환경에 대응하기 위한 초중등 교사 대상 관련 연수 프로그램도 다양한 방식으로 운영되고 있습니다.

학교의 변화를 말씀하시면서 시험과 평가를 언급하지 않을 수 없는데요. 과연 오늘날 같은 학습평가가 지속되리라고 보시는지요?

아시다시피 획일적 평가에 대한 비판은 사실은 획일적 평가 시스템에 정착된 역사와 궤를 같이 하고 있죠. 교육철학자든, 교사든, 학자든 간에 '어떤 평가가 정말 교육적으로 유의미한가?'에 대한 질문은 아주 역사적으로 지속되어 왔던 질문이죠. 그런데 지식 전수, 또 지식의 축적이 더 이상 학교교육의 기본과제가 아니고 인공지능 기반 교육 시대에 획일적 평가 시스템, 혹은 그 평가들이 과연 설 자리가 있을까?

제 생각엔 아마도 그 자리를 잃게 될 것입니다. 시간의 문제라고 생각하고요. 언제, 어떤 방식으로 평가가 될 것인지, 그것 자체가 이슈가 되는 시대이죠. 많은 교육학자들이나 우리들이 생각할 수 있는 것, 앞으로의 평가방법은 결과평가가 아니라 과정평가가 될 것이고, 또 형성평가라고 하는 의미에서도 과정평가인 것이죠. 또 개인의 학습사의 관점에서 개인중심의 평가로 당연히 평가방향이 바뀔 것으로 보입니다.

전체를 대상으로 한 지식평가가 사라진 자리에 서두에서 언급한 것처럼 새로운 역량교육에 대한 정성평가가 이루어질 것이고, AI 시대에는 정성평가 중심으로 평가가 이루어지리라고 생각합니다. 순위평가가 더 이상 의미 없는 시대니까요. 학습 결과에 따라서 평가방법이 달라지는 것, 당연하죠. 정서지능을 수치화해

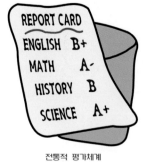

전통적 평가체계
〈Clipartmax〉

서 평가하는 것, 기계적인 평가 공학적인 방법이죠. 또 엄밀한 의미에서 사실은 반교육적이라고 봅니다.

교수님 말씀을 들으면서 전통적 의미의 교육이 종말이 시작되었고 새로운 교육의 탄생을 기다리는 중이라는 생각이 스치는데요. 어떻습니까?

일반적으로 그렇다고 봐야죠. 하지만 여전히 국내에서 또 세계적으로 전근대적 교육이 이루어지고 있지 않습니까? 부정하고 싶어도 그게 현실이죠. 현재로서는 전근대 교육과의 싸움, 또 근대적 교육과의 싸움이 더 중요한 것 같습니다. 또 한쪽에서 교육혁명을 이야기하면서도 여전히 전근대적, 현재적인 의미라고 하는 데서 근대적 교육현상, 게다가 그것마저도 배제되어 있는 사람들이 있지 않습니까?
우리는 그것을 기억할 필요가 있고, 그런 의미에서 진정한 교육의 종말은 아직 멀었다고 봅니다. 왜? 근대적 교육이 아직 그것마저도 실현되지 않았기 때문에 그렇다고 봐야죠.

동의합니다만, 그렇다고 교육혁명을 게을리해도 된다. 이런 말씀은 아니겠죠.

그렇죠. 개인적 차원만이 아니라, 국가적 차원에서 생존 문제와 관련 있지 않습니까? 그런 의미에서 교수님 말씀에 충분히 동의하죠. 제가 드리고 싶은 말은 '교육 4.0'이니, 또 '교육혁명'이니, 아니면 '미래교육'이니 하는 오이포리(euphorie)에 너무 빠져 있다는 것을 말씀드리고 싶습니다. 저도 그렇지만 비판론자들은 과연 교육혁명론자들이 말하는 교육혁명이, 변화에 대한 예측이 얼마만큼 실체가 있나? 또 얼마만큼 혁명적인지에 대해서 비판적이고, 비판적일 수밖에 없죠.
그것보다는 중요한 것은 바로 지금 여기 교육을 문제 삼는 것, 또 그 문제들을 제거하고 극복하는 것이 미래교육, 인공지능 시대의 진정한 교육을 준비하는 것이라는 말씀을 드리고 싶습니다. 미래를 염두에 두고 지금 여기의 교육을 묻는 것, 바로 그것이 지금의 교육의 문제라고 생각합니다. 저는 교육의 종말과 또 새로운 교육의 탄생의 열쇠가 바로 거기에 있다고 봅니다.

4차 산업시대에 교육환경과 교육방법, 교육과정 등이 엄청나게 변화함에도 불구하고 교육의 본질 및 목적은 변화했다고 말할 수 없어요. 교육의 궁극적인 목적은 결국 '인간됨'에 있습니다. 인간됨이란 전통적인 교육철학자들에게 성숙, 인문예술적 교양미, 인격미 등으로 표현되어 왔어요. 이러한 교육의 궁극적 목적은 초시간, 초역사적인 것입니다. 그렇지 않나요? 우리가 배우고 익히는 것은 단순히 결국 좋은 사람, 우리를 둘러싼 자연과 동물들 그리고 동료 인간과 따뜻하고 의미 있는 관계를 맺는 인간이 되는 것 아니겠습니까? 지식기사, 기술자를 만드는 교육은 교육의 원초적 목표이지 궁극적 목적이 아님을 알아야 합니다. 이럴 때 우리는 교육기술, 교육공학 만능주의에 빠지지 않을 수 있습니다.

'교육 4.0'을 교육방법론적 차원이나 교육공학적 차원에서만 이해하는 우를 범하지 말아야 합니다. 적극적으로 긍정적으로 AI 등의 하이테크 교육기술을 활용하되, '방법'과 '도달해야 할 목적지'는 구분해야 할 것입니다.

지성, 도덕적 탁월성을 목표로 했던 플라톤과 당대의 아테네인들을 묘사한 라파엘로(Rafaelo)의 〈아테네 학당〉

〈위키피디아〉

PART 9

예술가 AI의 탄생이
우리에게 던지는 **질문들**

음악 오디션 프로그램이
한국처럼 넘쳐나는 곳은
지구상에 없다.
모든 종편에서
다른 포맷인듯 하지만
결국 유사한 형태로 나타난다.
그런데 노래하는 AI를 집어넣고
블라인드 오디션을 한다면,
어떤 결과가 나올까? 다른 질문을 던져보자.
성능이 같은 수준의, 초정밀 고품격 사양의 창작하는
AI를 가진 사람이 AI가 만들어낸 문학작품으로
신춘문예에 응모한다면?
심사자는 모두 AI로 하는 경우,
인간 평론가로 하는 경우,
AI+인간의 조합으로 하는 경우를 생각해보자.
다빈치와 같은 천재 화가나 사르트르와 같은
사상가형 작가를 흉내낼 수 없는 낮은 수준의 창작하는 AI의
등장에도 불구하고 우리는 도대체 예술이 뭔지, 창작이 뭔지,
예술가 개념, 거기에 더해 저작권까지도 생각해 봐야 한다.
기계적 조합기술인지, 아니면 창작인지…
무엇인가 만드는 AI를 만나러 떠날 시간이다, 이제.

1.
예술하는 AI? 예술가 AI

제일 좋아하는 화가, 음악가가 누구신가요? 그 화가가 베이컨일수도, 칸딘스키 혹은 모네일 수도 있죠. 음악가라면 바흐, 모차르트, 베토벤을 모르는 사람이 없죠. 우리나라 사람들은 헤밍웨이, 헤세, 괴테 같은 작가를 안 좋아 하는 사람은 거의 없죠. 그런데 과연 완벽한 기계학습 능력에 자율심화학습도 상당 수준에 도달한 AI가 있다면, 베토벤보다 더 베토벤스러운 음악을 만들고 괴테보다 더 젊은 베르테르의 슬픔을 독자에게 느끼게 창작할 수 있지 않을까 하는 생각을 해보게 됩니다. 이미 우리는 AI가 다양한 예술창작능력을 보여준다는 사실을 알고 있잖아요. 최근의 성과랄까? 최근에 예술을 하는 AI의 사례가 궁금합니다.

1.1 음악 분야

인공지능이 예술의 다양한 분야에서 창작활동을 하고 있습니다. 음악, 미술, 문학, 공연에 이르기까지 실로 그 한계가 어디까지인지 의심하게 될 정도인데. 음악부터 알려주시죠?

음악 분야를 먼저 살펴보도록 하겠습니다. 2016년 구글 마젠타 프로젝트(Magenta Project)라는 프로젝트가 진행됐는데요. 80초짜리 피아노 연주곡을 인공지능이 작곡한 사례가 되겠습니다.

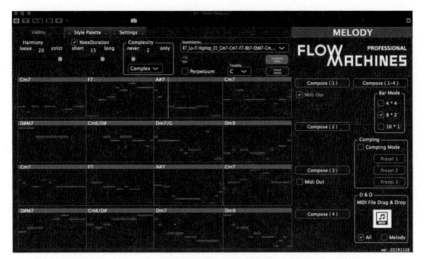

소니의 플로우 머신즈 프로젝트

그리고 2016년 소니에서 플로우 머신즈(Flow Machines)라는 프로젝트가 진행됐는데요. '대디스 카(Daddy's Car)' 그리고 '미스터 섀도우(Mr Shadow)'라는 곡을 작곡해서 유튜브에 공개하기도 했습니다.

가상휴먼 김래아는 2021년에 노래를 발표한 디지털 뮤지션입니다. 이와 같이 가상휴먼은 메타버스 기술의 대중화와 함께 가상현실 혹은 혼합현실에서 여러 영역에서 인공지능으로서 활동하고 있습니다. 그 외의 예로는 2019년 NHK 홍백가합전에서 30년 전 사망한 일본의 국민가수 미소라 히바리가 야하하의 '보컬로이드 AI'로 살아났습니다. 우리나라에서는 AI 아바타와 함께 활동하는 걸그룹 에스파가 있을 정도로 대중음악계에서도 작곡뿐만 아니라 목소리, 아바타까지 AI의 도입이 활발한 상황입니다.

2022년 현재, AI '이봄'이 클래식, EDM(Electronic Dance Music) 등 다양한 음악 작곡을 하고 있습니다.

1.2 미술 분야

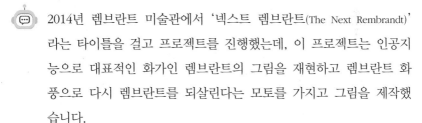

미술 분야에서 인공지능의 창작활동은 어떻습니까?

2014년 렘브란트 미술관에서 '넥스트 렘브란트(The Next Rembrandt)'라는 타이틀을 걸고 프로젝트를 진행했는데, 이 프로젝트는 인공지능으로 대표적인 화가인 렘브란트의 그림을 재현하고 렘브란트 화풍으로 다시 렘브란트를 되살린다는 모토를 가지고 그림을 제작했습니다.

그리고 2016년에 인공지능에서 앞서가는 회사인 구글에서 '딥드림(DeepDream)'이라는 전시회를 개최하고 29점의 작품을 판매하기까지 이르렀습니다. 인간과 인공지능 간의 공동 작업을 통해서 작품 활동을 한 예라고 할 수 있습니다. 그리고 2016년에 로봇 미술대회가 개최되었습니다. '로보아트(Robo Art)'라는 미술대회였는데요. 로봇의 미술적인 능력을 향상시키기 위한 대회였습니다.

고흐의 〈별 헤는 밤〉을 모티브로 한 인공지능 작품

〈딥드림〉

로봇 미술대회는 2018년까지 지속되었으며 현재는 중단된 상태입니다. 기존의 로봇 미술대회 수상작들은 다음 사이트(https://robot art.org)에서 볼 수 있습니다.

우리나라 미술 분야 인공지능의 수준은 2021년 12월, 카카오브레인에서 개발한 AI '민달리'에서 확인 가능합니다. AI '민달리'는 사람이 명령어를 주면 주제에 맞춰 그림을 창작합니다.[1]

텍스트 명령어 입력에 따라 민달리가
실시간으로 생성한 그림 이미지
〈카카오브레인 홈페이지〉

1.3 문학 분야

문학 부분은 미술이나 음악 창작 분야보다 인공지능의 창의성의 한계가 더 잘 드러나지 않을까 하는 생각이 드는데, 어떻습니까?

그렇게 생각하시나요? 문학 부분도 상당히 AI의 진출이 활발한 분야 중의 하나인데 예상과는 좀 다른 결과가 나타난다고 볼만한 사례들이 많습니다.

가령 일본 '니케이 호시 신이치'라는 문학상에 공모를 해서 인공지능이 쓴 소설이 예심을 통과하는 사례가 있었습니다. 인간이 소설의 플롯을 제공하고요, 인물은 인간이 설정한 후에 나머지 디테일한 소설은 AI가 작성하는 방식으로 제작이 됐습니다. 그리고 2016년에는

---

1 카카오브레인, 초거대 AI 두번째 모델 'minDALL-E' 공개, 2021년 12월 15일, https://www.kakaocorp.com/page/detail/9638

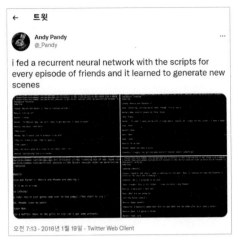

인공지능이 집필한 현인강림(좌). 엔디 허드가 새로 쓴 시트콤 에피소드(우)

〈IT media(좌), Tweeter(우)〉

인공지능 '제로'가 쓴 일본어 소설 『현인강림』이라는 소설책이 출간되기도 했습니다. 같은 해에 앤디 허드(Andy Herd)는 미국의 인기 시트콤 〈프렌즈〉 대본을 인공지능 프로그램에 입력하여 학습시킨 후에 새로운 에피소드를 작성하였습니다.

그것만이 아니라 2016년 영국 공상과학영화제에 출품된 단편 SF 영화 〈선스프링(Sunspring)〉이 있었는데요. 이 영화의 시나리오를 인공지능이 작성해서 10위라는 성적을 거둔 바 있습니다.

2021년 8월 26일에 AI '비람풍'과 인간작가(소설감독) 김태연이 함께 560쪽 분량의 장편소설 『지금부터의 세계』를 공동으로 출간하였습니다. 작업과정에서 김태연 소설감독

AI작가와 인간작가가 공동저작한 장편소설 〈지금부터의 세계〉 표지

〈교보문고〉

은 작품의 주제, 소재, 캐릭터 및 플롯을 구성하고, AI작가 비람풍은 세밀한 문장을 생성하였습니다.

🤖 **예술하는 AI 로봇이 추상화도 그리고 시도 짓고 시 낭송까지 한다고요?**

🤖 2019년에 개발된 인공지능 휴머노이드 로봇 '에이다(Ai-Da)'는 세계 최초의 초현실주의 예술가로봇으로 알려졌어요.[2]
추상화도 그리고, 조각도 하고, 시 창작에 시 낭송까지 할 수 있습니다.

인물화를 그리고 있는 에이다

에이다가 그린 인물화
〈에이다 홈페이지(좌), The Gardian(우)〉

또한, 에이다는 TED 스튜디오에서 강연도 했습니다.[3] 에이다는 AI 기능을 갖춘 휴머노이드 예술가 로봇으로 그녀의 인격성은 그녀가 창작한 그림들, 공연예술, 조각품에 잘 나타난다고 에이다 개발팀은 언급하고 있습니다. 에이다가 독립적인 예술가인가라는 질문을 홈페이지에서도 던지고 있는데요, 이미 인터넷과 디지털이라는 복잡한 초현실세상 속을 살아가는 상황을 고려할 때, 에이다도 단독

---

2 https://www.ai-darobot.com/about
3 http://www.aitimes.com/news/articleView.html?idxno=141777

AI 로봇 에이다(좌)와 TED 스튜디오에서 강연하는 에이다(우)

〈에이다 로봇 홈페이지〉

이라기보다는 인간과 협업하는 초현실적 AI 로봇의 대표성을 보여
준다고 개발팀은 말하고 있습니다.

지난 2022년 4월에는 2022 베니스 비엔날레에서 에이다의 첫 개인
전이 있었어요. 〈메타버스로의 도약(Leaping into the Metaverse)〉이라는
제목으로 열린 전시회에서 그녀의 새로운 그림 창작력이 공개되었
습니다.[4]

1.4 공연 분야

공연 분야에서도 AI가 매우 활발한 활동을 하는 것으로 알고 있습니
다. 간략하게 사례를 소개해 주세요.

공연 쪽도 조금씩 가능성을 보고 있는데요, 2017년 AI의 협조를 얻
어서 연 현악4중주 공연이 있습니다.

바로 '사이트 머신(Sight Machine)'이라는 이름이 붙여진 이 AI는 AI가
보는 영상을 화면에 보여주고 그다음 아래에서는 현악4중주 악단이

---

4 https://www.theguardian.com/technology/2022/apr/04/mind-blowing-ai-da-becomes-first-robot-to-paint-
   like-an-artist

현악4중주 공연과 사이트 머신(Sight Machine)이 바라보는 공연 모습
〈스미소니언 매거진(Smithsonian Magazine)〉

공연하는 그런 모습이었는데요. 여기서는 AI의 현주소를 보여주기도 하고, AI가 바라보는 시각적인 한계가 있음을 보여주는 차원이었습니다. 그렇지만 어쨌든 AI와 공연예술이 함께 만나는 그런 중요한 의미 있는 작품이었습니다.

그리고 조금 다른 측면이긴 하지만 또 인공지능이 이런 공연 분야에 참여할 수 있었던 예로는 2018년 평창 동계올림픽에서 1,218대의 드론이 라이트 쇼를 펼친 것이 있습니다. 물론 아직까지 한 명의 조종사가 전체 모양을 지정해주면 나머지는 AI가 각 드론의 최적 경로를 찾아서 계산을 해서 쇼를 펼치는 방식으로 했는데, 더 발전하게 되면 인공지능이 자체적으로 그런 쇼를 펼치는 상황까지 예측해 볼 수 있습니다. 그래서 이런 분야에서는 아직 시작단계에 있는데, 다양한 분야로 확대될 가능성이 있습니다.

코로나-19(Covid-19) 팬데믹 확산 상황에서 1년 연기되어 2021년에 열렸던 일본 하계 올림픽 개막식에서도, 1,824대의 인공지능을 이용한 드론쇼가 펼쳐졌습니다. 또한, 이보다 앞서 2020년 9월 현대자동차가 중국 상하이에서 펼친 3,281대의 드론쇼는 2018년 평창 동계올림픽 때보다도 더 정교하고 정확하게 군집비행을 수행하는 드론의 모습을 볼 수 있었습니다. 더욱 지능화되어가는 것을 확인할 수 있습니다.

2.
AI의 예술과 인간의 예술은 무엇이 같고 다른가?

인공지능의 창작 수준이 웬만한 아마추어 창작자보다 낮고 또 프로 중에서도 어느 정도 경쟁력을 입증한 것이 아닌가 그런 생각을 하는데요, 교수님 생각은 어떠신지요?

저는 사실 예술비평가는 아닙니다만 예술철학을 오래 강의했던 사람으로서 봤을 때 교수님의 질문에 대한 대답을 우회로를 거쳐서 얘기할 필요가 있다고 생각합니다.

정확히 어떤 말씀이십니까?

일단 예술 창작의 퀄리티를 논하기 이전에 질문에 답을 하기 위해서는 예술이 무엇인지에 대한 이해가 선행되어야 한다고 봅니다. 제가 한 가지 여쭤볼게요. 박 교수님, 예술이 뭐라고 이야기할 수 있으십니까?

글쎄요, 쉽지 않은 질문인데요.

그렇죠, 쉽지 않아요. 그래서 예술이 무엇인가에 대한 대답 역시 이론가들마다 상당히 다릅니다.
그런데 그 질문에 대한 대답은 몇 가지로 분류할 수 있어요. 가장 오래된 예술에 대한 입장으로는 모방론자들, 대표적으로 아리스토텔레스를 이야기할 수 있는데요, 이 사람들은 재현이 바로 예술의 본질이라고 생각하고 있죠. 그런데 넥스트 렘브란트 프로젝트의 인공지능 작품이 예술작품이 될 수 없는 것은 무엇 때문일까요? 카피했다는 것이죠. 예술이 아니고 모사품에 불과하다, 그저 하나의 물리적인 article에 지나지 않다고 볼 수 있는 것이죠.

왜 그런가 하면 실제로 모방론을 주창했던 아리스토텔레스가 『시학』에서 얘기하고 있는데 그것에 주목할 필요가 있습니다. 결국 '무엇을 모방하는가?'인데 사물의 과거 혹은 현재 상태, 또 생각할 수 있는 사물의 과거와 현재 상태, 여기서 중요한 게 '생각할 수 있는'이죠.

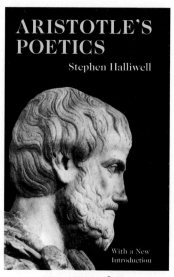

아리스토텔레스의 「시학」
〈Stephen Halliwell(1988)〉

그 다음에 세 번째는 사물이 마땅히 처해야 할 상태를 규정합니다. 마땅히 처해야 할 상태는 목적성을 이야기하는 것이죠. 다시 말하면 사물의 본질을 드러내는 것이야말로 모방이라는 거예요. 단편적인 외연에 대한 모방이 아니라는 것이죠.

이런 관점에서 봤을 때 렘브란트 프로젝트의 작품들은 예술작품이라고 볼 수 없겠죠.

🤖 인간보다 인공지능이 사물을 더 완전히 재현할 수 있다고 해서 예술이 될 수 없는 건가요? 소위 슈퍼리얼리즘 이런 예술 분야도 있지 않습니까?

💬 그렇죠. 펄슈타인이나 틸림 같은 사람들이 대표적인 슈퍼리얼리즘 계열의 작가라고 할 수 있는데요, 재현의 수준이라는 측면에서는 인공지능보다 낫다고 볼 수가 없죠.

그럼에도 불구하고 그것이 예술이 될 수 있는 것은 인공지능이 보여줄 수 없는 것을 보여준다는 것이죠. 인공지능은 그대로 100%를 재현할 수 있지만, 슈퍼리얼리스트들이 보여주고자 하는 것은 거기에 바로 예술에 대한 철학이 있다는 것이죠. 그것이 뭐냐 하면 주관의 완전한 배제라고 하는 것입니다. 그 예술철학을 갖고 재현을 하느냐, 아니면 인공지능식의 기술적 재현을 하느냐는 바로 예술인가 아닌가를 결정하는 기준이 될 겁니다.

🤖 이게 교수님 말씀이 이해가 됩니다.

💬 그다음에 우리가 이야기할 수 있는 것이 예술감정론자들의 관점입니다. 예술 감정, 결국 예술은 표현이라고 하는 의미죠, 감정의 표현. 대표적인 사람이 톨스토이(Lev Nikolayevich Tolstoy)입니다. 그다음에 미학자 콜링우드를 예로 들 수 있어요. 대부분의 예술가들은 사실 감정표현론자 입장이라고 볼 수 있는데 대표적인 인물이 베토벤(Ludwig van Beethoven), 또 한국의 예술가 백남준을 들 수 있습니다. 그런데 이 사람들은 개념미술이나 추상미술 등을 하지 않는 창작자들이죠.

인공지능의 작품들이 자기감정의 고유성과 색깔을 표현하지 못하고 또 기계학습, 딥러닝과 같은 기술적 표현, 그 이상이 아니기 때문에 예술작품으로 보기 어려운 것이죠. 진정한 감정의 표현이 드러났다고 하기 어렵다는 얘기죠.

🤖 **완전한 감성로봇이 개발된다면 그 감성로봇의 작품은 어떤가요?**

쉽지 않은 대답일 것 같은데 감정로봇의 작품과 감정로봇예술가의
작품은 구분을 해야 됩니다. 그 예술가의 작품성, 그게 작품이 될
수 있는가? 예술이라는 것은 결국 작품성 문제죠.

🤖 **교수님께서 지금 감정로봇과 감정로봇예술가라는 단어를 사용하셨는
데요. 로봇, 인공지능도 예술가라고 볼 수 있을까요?**

💬 예술가라고 볼 수 있죠. 그런데 거기에는 조건이 필요합니다. 예를
들면 이런 것이죠. 조지 디키라는 분석미학자가 있는데, 이 사람은
아트월드라는 개념을 통해서 예술이 무엇인지 정의하고 있습니다.
그는 예술제작에 참여하는 사람을 예술가라고 보죠. 또 전시를 목
적으로 하는 인공물을 예술작품이라고 얘기하고 있습니다.
그런데 문제는 뭐냐? 예술계를 구성하는 예술비평가, 큐레이터, 예
술기획자, 아트딜러, 예술 감정가들이 있지 않습니까? 이런 사람들
에 의해서 그것이 예술작품으로 인정되어야 한다는 것이죠. 또한
창작자 스스로 예술가라고 하는 자의식이 있어야 한다는 거예요.
인공지능의 경우 과연 2가지가 충족되는가?
그들이 예술가라는 인식을 갖고 있는지, 또 실제로 그들이 작품을
판매한다고 해서 그것이 예술작품이라고 볼 수 있는지를 따져봤을
때 그렇게 볼 수 없다는 것이죠. 딥러닝 전시회에서 29점이 팔렸다
고 하지 않았습니까? 이것이 사실 뭐겠어요? 제가 봤을 때는 희소
성의 경제행위라고 이야기할 수 있을 것 같습니다.

그럼 교수님 말씀은 예술가인가, 그렇지 않은가? 혹은 예술작품인가, 그렇지 않은가에 대한 결정 기준은 결국 작가 의식과 작품성에 달려 있다는 말씀이신데요.

그게 결정적인 문제죠. 수많은 사람들이 자칭 혹은 타칭 예술가라고 하고 전시도 하고 있지 않습니까? 판매도 물론 하고요. 그런데 그들이 진정으로 예술가인가? 미술인 협회 회원이라고 해서 그 사람을 예술가라고 봐야 합니까? 아니죠.

그가 예술가인가, 아닌가는 결국 무엇이냐? "What's New"를 보여주는 거예요. 기존의 예술작품과 얼마나 다른가? 자신의 고유한 예술 문법을 보여주느냐, 보여주지 않느냐? 그것이 바로 예술가인가, 아닌가를 결정하는 근본적인 이유와 근거가 되겠죠. 수많은 사람이 예술가의 길을 가고자 하지만 예술가가 되지 못하는 이유가 어디에 있느냐? 바로 거기에 있는 겁니다.

이와 관련해서 제가 한 가지 더 말씀드리고 싶은 것은 내용미학이나 사회미학을 주장하는 사람들의 입장에서 예술이 곧 뭐냐? 그 예술의 본질이 이것이 예술일 수 있는 조건은 예술이 바로 사회와 역사의 거울 역할을 해야 한다는 거예요. 달리 얘기하면 사회의 모순과 부정성을 드러내야 한다는 것이죠. 그것을 드러내지 않는다면 그것은 예술이 아니라고 보는 겁니다. 그 점에서 사회 비판적인 함의를 예술이 보여줘야 한다, 달리 말하면 부정적 유토피아를 보여주지 못하는 예술, 인공지능이 예술작품을 아무리 만들었어도 그것을 보여주지 못한다면 사회미학자한테는 예술작품이 될 수 없는 것이죠.

그래서 가벼운 예술과 진지한 예술, 이렇게 구분하면, 진지한 예술은 바로 그와 같은 부정적 유토피아를 보여주는 거죠. 대표적인 인물이 아도르노 같은 미학자라고 볼 수 있습니다.

🤖 그러면 '예술이란 무엇인가?'라는 관점에서 인공지능의 창작물은 예술과 거리가 멀다고 말씀하신 것으로 들리는데요, 이 밖에 양자의 결정적인 차이로는 또 무엇이 있을까요?

💬 결정적인 차이는 결국 인공지능이 감정, 상상력, 직관의 주체이고 역사적 경험을 가지고 있느냐? 이게 결정적인 기준이 될 수 있겠죠. 현재까지는 인공지능 작품은 학습의 결과라고 얘기할 수 있지 않겠습니까? 그 학습은 실제로 어떻죠? 논리적 체계 위에서 구성되는 것이죠, 직관 지혜에 의해서가 아니라. 그래서 규칙을 전제로 한 제한적 임의성의 결과라고 보는 거죠. 이 제한적 임의성이 소위 예술의 본질인 파괴의 미학으로 나가고 있지 못한다고 보는 겁니다.

다음으로 경험의 역사가 매우 중요하다는 겁니다. 예술인가 아닌가를 결정하는 기준이죠. 예술은 예술가의 경험, 그 경험을 재구성한 것이라고 할 수 있습니다. 그런데 이 재구성 과정에서 항상 의식적인 작용만 하는 것이 아니죠. 무의식도 동시에 작용을 합니다. 특히 어떤 무의식? 정신분석학적 예술을 하는 사람들이 있죠. 달리(Salvador Dali) 같은 경우는 무의식을 통해서만 작품을 이해할 수 있지 않습니까?

그런 측면에서 칸트(Immanuel Kant)가 말하고 있는 미학, 예술적 표현을 우리는 생각해볼 필요가 있어요. 감성과 오성의 자유로운 놀이, 이것이 바로 그가 얘기하는 것인데 인공지능의 알고리즘이 과연 자유로운 유희라고 할 수 있는가? 그 점에서 의심스럽다는 거죠. 저는 논리의 인위적 놀이, 그 이상이 아니라고 봅니다.

임마누엘 칸트

교수님의 말씀을 들어보니 예술은 곧 창의성인데요, 인공지능의 창의성 자체를 인정하지 않는 것으로 보입니다. 어떻게 생각하시나요?

물론 창의성의 개념을 어떻게 규정하느냐에 따라 다르긴 하죠. 창의성을 무엇을 새롭게 만드는 것으로 정의한다면 인공지능도 창의성을 갖고 있다, 따라서 그들의 작품도 예술작품이라고 말할 수 있죠.

교수님도 아시다시피 다빈치의 모나리자는 뒤샹이나 보테로뿐만이 아니라 수많은 팝아티스트나 광고업자들에 의해 패러디되었고 그들이 다 저작권을 인정받았지 않습니까? 그런 측면에서 보면 인공지능에 의한 작품들, 패러디 작품도 창의성이 있다고 말해야 하지 않을까요?

그 점에서는 저도 공감하는 바가 있는데요. 좀 더 교수님의 입장에서 지지하는 논거들을 제가 제시할 수 있을 것 같습니다. '과연 예술에서 100% 순수한 창의적인 작품은 있는가?' 이런 질문을 던진다면 그 대답은 당연히 없다고 할 수 있겠죠. 그 점에서 보면 창의성 개념 자체가 상당히 모호해질 수 있죠.

그런데 왜 창의성을 인정하지 않는 분위기입니까?

결국 문제는 자의식, 작가의식을 가지고 창작했는가? 아니면 인간에 의해서 정해진 알고리즘 안에서 혹은 입력 정보 틀 내에서 다른 종류의 창의성이 개입됐느냐 여부에 달려있겠죠. 또 인공지능의 인격권을 인정하느냐, 않느냐가 창의성 인정 여부의 중요한 기준이 될 수밖에 없습니다. 현재까지는 그렇지 않게 보는 것이죠.

앞으로 창의성의 인정과 저작권은 같은 문제일 수도 있을 것 같은데요. 그 이야기를 나눠보죠. 앞으로 인공지능이 예술 창작을 갈수록 많이 할 텐데요. 지금은 창작자의 보조자 수준으로 참여하고 있지만, 언젠가는 독립창작자가 될 수 있을 것으로 보이는데 그 경우 저작권자는 누구로 봐야 합니까?

현행법상에서 일단 말씀드려야 할 것 같아요. 현행법상 저작물의 인정은 창작성 여부와 인간의 사상과 감정을 표현했는지의 여부인데요.

AI한테 창작성을 인정한다고 하더라도 현행법에서 인공지능을 인간 혹은 유사 인간으로 보지 않죠. 그래서 인공지능은 저작권자가 될 수 없습니다. 인간의 감정과 사상을 표현하는데 인공지능은 인간이 아니죠. 그래서 창작성을 인정하더라도 현행법은 인공지능을 인간 유사 주체로 보지 않기 때문에 저작권자가 될 수 없는 것이죠.

창작성과 유사 인간성 부분이 조금 다른 개념이라고 말씀하셨는데요, 그러면 인공지능과 공동창작하는 경우는 어떻습니까?

사실 그런 경우는 공동창작자가 맞죠. 둘이 같이 작업을 하니까요. 그런데 현행법상 2인 이상의 저작자가 창작을 하는 경우에 '결합저작물'로 통칭을 합니다. 문제는 '2인 이상이 공동창작의 의사를 가지고'라는 부분이 문제이죠. 인공지능과 실제적인 공동창작을 하지만 현행법은 아직 인공지능을 의사의 주체로 보지 않고 있죠.

'내가 인간과 공동 작업을 하겠다'라고 하는 게 의사에 해당하는 것이죠. 만약 의사를 표현할 수 있다면 당연히 향후에는 저작자로 인정할 수 있고 법제화하겠죠. 현재로서는 인공지능을 의사표현자라고 보지 않기 때문에 불가능한 것이고요.

사실 수많은 디지털아트, 미디어아트, 인공생명예술에서 로봇이나 인공지능이 활용되어왔고, 또 지속적으로 활용되겠죠. 관객, 인공지능 로봇과 인터랙티브한 공동창작 작품들도 사실 굉장히 많이 있습니다. 문제는 인공지능의 발달에 따라서 독립된 창작자로서의 지위가 부여될 것으로 보이긴 하는데, 결국 창작성과 저작권은 인정되지만 지적 재산권은 부여되지 않을 것 같아요. 왜냐? 그것이 공익에 부합한다고 생각하기 때문이죠.

🤖 **오늘은 창작하는 인공지능 이야기를 다뤘는데요, 마지막으로 하고 싶은 말씀이 있으시다면 해주시죠.**

💬 우리의 대화에서 매우 중요한 주제인데, 이런 문제를 다루면서 창작하는 나와 우리에 대해서 생각했으면 합니다.

예술에 대한 감수성을 키우고 또 스스로 무엇인가를 창작하는 시간을 갖는 것만큼 인생을 풍요롭게 사는 방법도 없지 않겠어요? 창작할 때 삶의 의미를 가지고 살아있다는 느낌을 받기는 하는데, 시간을 내기가 쉽지는 않죠. 시간을 내기가 쉽지 않은 분들이 선택하는 것이 소위 일요화가의 길을 가거나 일요음악가의 길을 가는 것이죠. 인공지능 예술가의 작품 소비자이기 전에 우리 자신이 먼저 자유로운 창작자가 되는 생각을 해야 하지 않을까 생각합니다.

말씀을 들어보니까 생활 속에서 인공지능과 구분될 수 있는 예술 즐기기, 또 앞으로 예술을 돕는 인공지능이 개발된다면 그 인공지능과 가벼운 창작행위를 즐기고 인공지능의 작품을 감상하는 등 인공지능과 함께하는 그런 인생이 중요하다는 생각이 드는데요.

저는 그 문제와 관련해서 한 가지 더 얘기하고 싶은 게 가벼운 창작 놀이로서 인공지능과 같이 작업하는 것도 중요한데, 아까 말씀드린 바와 같이 그것이 예술인가, 아닌가는 결국 작가의식이 일차적으로 중요하다는 것이죠. 그래서 내가 먼저 예술을 즐기는 것이 중요합니다. 인공지능과 함께하는 것은 놀이적 차원이죠. 예술적 차원과는 겹치는 면이 있고 그렇지 않은 면이 있다고 볼 수 있죠.

PART 10

AI 시대에 인간의 모습은 타잔?
트랜스휴먼!

1 트랜스휴먼(transhuman)은 이미 있었다?

AI가
다 알아서 하는
시대에 인간은
정말 AI의 주인이라는
자부심과 주인의 행복을
만끽할 수 있을까?
AI는 반려동물도 아니고 반려식물도 아니다.
킬러로봇의 오작동이나 인간을 적으로 간주해
임의의 장소에서 인간을 죽이려 한다면,
인간의 저항은 며칠 굶은 거대한 사자를
맨몸으로 상대하는 타잔과 비교할 수 없을 만큼
AI에 상대가 되지 못한다. 킬러로봇에 의해 인간은 차갑고
냉혹하게 소리 없이 사라져갈 것이다,
타잔처럼 피를 흘리며 싸울 틈도 없이. 하지만 이 미래 그림은 틀렸다.
미래의 인간은 오늘의 인간처럼 유약하지 않다.
미래의 인간은 지금의 인간 종과 다른 종이다.
호모 사피엔스 사피엔스가 아닌 포스트 바디를 가진
트랜스휴먼의 모습으로 미래 인간은 나타날 것이다.
AI 시대에 트랜스휴먼를 보러 가지 않는 여행은 반쪽 여행이다.
킬러로봇 앞에서 그들을 지휘하는 인간의 모습을 상상하며
그를 만나러 떠나보자.

1.
트랜스휴먼(transhuman)은 이미 있었다?

🤖 교수님, 오늘은 트랜스휴먼에 대해서 공부해 볼 텐데요. 트랜스휴먼의 사례들을 준비하셨다고 들었는데, 한번 보여줄 수 있으십니까?

🤖 네. 먼저 트랜스휴먼 관련한 영화들을 소개하고 또 실제 사례들을 보면서 말씀드리죠. 우리가 잘 아는 〈Ghost in the shell〉, 우리나라 제목으로는 〈공각기동대〉라는 영화인데요, 죽어가는 사람의 정신을 기계에 심은 사이보그의 정체성에 대해서 다룬 영화입니다. 과연 이 사이보그는 인간일까, 아니면 기계인가? 이것이 문제가 되었구요.

또, 영화 〈로보캅(Robocop)〉이 있습니다. 1987년도에 처음 나와서 그 이후에도 여러 속편들이 만들어졌는데요, 역시 사이보그 경찰의 모습을 그린 영화입니다.

🤖 저는 그 영화 재미있게 봤습니다.

🤖 그렇죠. 스릴러 영화 좋아하는 사람들에게 나름 매력이 있는 영화라고 생각합니다. 〈트랜센던스〉라는 2015년 영화도 있죠. 주인공이 죽기 전에 정신을 컴퓨터에 업로드한 점을 봐서는 앞의 〈로보캅〉과는 다르다고 볼 수 있습니다. 그의 천재적 재능은 컴퓨터의 계산 능력에 힘입어 인간의 지능을 초월하는 그런 존재로 부각되고 있습니다.

슈퍼컴퓨터에 업로드된 인간의 의식을 묘사하는 영화 〈트랜센던스(2014)〉 중 한 장면

그리고 〈가타카〉라는 영화인데요, 1997년 작품입니다. 비록 AI나 기계는 아니지만 생물학적인 유전자 조작에 의해서 우성인자만을 가진 인간, 그리고 그렇지 못한 인간들 사이에서의 갈등을 소재로 한 영화입니다. 이런 유전자 조작 기술이 사람이 태어나기도 전에 인간의 보편적인 한계를 뛰어넘는 탁월성을 보이는 적격자, 그리고 그렇지 않은 보통 인간인 부적격자를 결정하는 사회를 만들 수도 있다는 가정에서 출발하는 영화입니다.

조금 사실감이 떨어지는 영화이긴 한데요, 그래도 트랜스휴먼 주제에 들어올 수 있다고 생각하는 영화가 2008년 개봉한 〈아이언 맨(The Invincible Iron Man)〉입니다. 사람에게 기계적인 슈트를 착용시킴으로써 인간보다 초월적인 존재를 만들 수 있다는 영화인데, 나중에 살펴볼 웨어러블 컴퓨팅 기술과 이어지는 부분이 있습니다.

앞에서 살펴본 바는 주로 영화의 사례이고요, 실제로 주변에서 볼 수 있는 트랜스휴먼의 또 다른 사례를 말씀드리면 에이미 멀린스(Aimee Mullins)라는 미국 태생의 육상선수이자 배우 겸 모델이 있습니다. 이 사람은 1976년생인데요, 태어날 때부터 종아리뼈가 없어

에이미 멀린즈가 멀리뛰기(좌), 달리기(우)하는 모습

⟨Pinterest.com⟩

서 무릎 아래를 절단했지만, 좌절하지 않고 의족을 붙여서까지 육
상대회에 참가하는 특이한 이력을 가진 사람입니다.

멀린스는 의족을 붙이는 것이 장애인이 된다는 의미가 아니라 도구
를 활용해서 능력을 확장한다는 주장을 하면서 도구를 활용한 인간
능력의 향상을 지지하는 측면을 보여주고 있습니다.

🤖 **웨어러블 컴퓨팅(Wearable Computing)도 대중들에게 생각보다 많이
알려졌는데 자세히 알려주시죠?**

💬 웨어러블 컴퓨팅 분야에 있어서는 수퍼플렉스라는 회사의 '수퍼플
렉스'라는 제품이 있습니다. 아까도 말씀드렸듯이 일반인에게 슈트,
그러니까 입는 옷처럼 사람에게 착용을 시켜서 인간의 근육의 힘을
확장시키는, 증강시켜주는 그런 역할을 하는 제품인데요, 이 제품
은 사람의 동작을 인식하는 인식 기술, 그다음에 근육의 힘을 보조

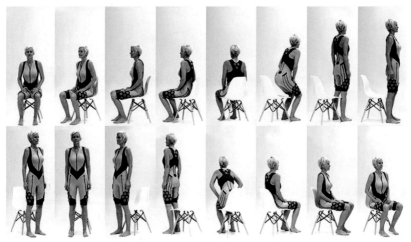

수퍼플렉스 사의 입는 수트. 수퍼플렉스를 입은 다양한 포즈 장면
〈Superflex Aura Powered Suit 유튜브 동영상 중에서 캡처〉

해서 근력을 증강시켜주는 액추에이터(Actuator)라는 기능을 갖추고 있는 것입니다.

상용화는 언제쯤 될 것 같습니까? 저도 한번 입어보고 싶은데요.

지금 장애인들을 위한 보조로 시제품은 나와 있지만, 원활한 활용을 위해서 개선되고 있는 상황입니다. 완벽한 슈트는 좀 더 기술개발이 이루어져야 하는 상황입니다.

교수님, 앞에서 〈로보캅〉과 같은 트랜스휴먼을 다룬 영화를 살펴보았는데요. 이미지를 통해서 대략적인 의미는 알 듯한데 트랜스휴먼이라는 말의 의미는 어떤 것인지 좀 더 정확하게 알려주세요.

트랜스휴먼은 인간과 기술이 완벽하게 합성, 조화가 돼서 모든 것이 지금의 인간의 능력보다 향상된 새로운 인간 종을 의미합니다. 기존에 자연적인 몸처럼 노쇠하거나 병들거나 죽는 것이 아니라 언제든 그것을 피하기 위해서 신체 모든 부분을 인공적으로 대체시키는 것이죠. 현재의 생물학적 능력을 초월하는 완전히 새로운 몸을 가진 인간이 바로 트랜스휴먼이라고 이야기할 수 있고, 이것을 혹자는 포스트 바디(post body)라고 이야기합니다. 그래서 포스트 바디를 가진 존재가 바로 트랜스휴먼이라고 이야기할 수 있어요.

기존에 신체 개념은 결국 자연 신체 개념인데, 그런 자연 신체 개념과 비교해서 트랜스휴먼은 탈 신체화된 존재라고 말하기도 합니다. 그래서 탈인간화된 이후의 인간을 포스트휴먼 혹은 트랜스휴먼이라고 얘기하죠. 포스트휴먼은 휴머니즘 시대 이후의 인간이라는 의미로 주로 사용하고 있고, 트랜스휴먼이라는 개념은 신체나 능력면을 강조하는 새로운 인간 종이라는 의미에서 사용합니다.

트랜스휴머니즘은 포스트휴머니즘의 한 형식이라고 볼 수 있습니다. 그러니까 포스트휴머니즘이 좀 더 넓은 개념이죠. 그다음에 기술적 신체 변형이라는 측면을 강조하고 있는 게 바로 트랜스휴머니즘입니다. 그런데 논자에 따라서는 두 개념을 혼용해서 사용하기도 합니다.

인공지능이나 사이보그를 만드는 인간이 스스로 사이보그가 되는 시대가 바로 트랜스휴머니즘 시대라고 얘기할 수 있겠습니다.

왜 포스트휴먼이라는 담론이 발생한 것인가요?

사상적으로 살펴보면 포스트휴머니즘 혹은 트랜스휴머니즘은 로고스 중심주의(logocentrism), 그러니까 이성중심주의죠. 주체 개념을 해체한 이후에, 로고스 중심주의와 근대적 주체 개념이 해체됐으니까 새로운 무엇이 필요하지 않겠습니까? 그래서 새로운 종류의 주체성, 새로운 인간의 이념이 필요했던 것이죠. 그래서 등장한 개념이고 결국은 이론적 작업의 산물이라고 이야기할 수 있습니다. 또 기존의 인간중심주의(anthropocentrism), 그러니까 전통적 휴머니즘이 갖고 있는 문제들, 그 병폐들에 대한 일종의 이론적 반작용이고 이론적 대안 찾기 차원이라고 볼 수 있습니다.

그다음에 마지막으로 얘기할 수 있는 게 지금 상당히 발전된 나노, 바이오 기술, 로봇 및 정보지능기술의 발달이 트랜스휴먼의 사상을 만드는 데에 많은 영향을 주었다고 볼 수 있습니다. 비판적인 관점에서 보면 결국 트랜스휴먼 혹은 트랜스휴머니즘이라고 하는 것은 21세기의 과학기술만능주의라고 볼 수도 있습니다.

이론가들은 포스트휴먼 혹은 트랜스휴먼을 어떻게 바라보고 어떤 목소리들을 내고 있나요?

전체적으로 보면 크게 두 그룹으로 나눌 수 있어요. 이를 테면 커즈와일, 워릭, 보스트롬 등은 포스트휴먼을 완벽한 인간, 그러니까 homo magnus의 꿈을 실현하는 실현체로 보고 있죠. 새로운 인간종의 진화, 가장 이상적인 진화 형태로 보고 있는 것이고, 그런 의미에서 바로 적극적으로 추진해야 한다, 21세기 인간의 과제다, 이렇게 얘기하고 있죠.

반면에 후쿠야마(Francis Fukuyama)나 카스 (Leon Kass), 안나스(George Annas) 또 『정의란 무엇인가』를 쓴 마이클 샌델(Michael Sandel) 같은 인물들 있죠. 이런 인물들은 포스트휴먼은 인간의 '비인간화'와 다름이 없다고 보죠. 결국 트랜스휴먼, 포스

마이클 샌델

트휴먼은 무엇이다? 인간에게 재앙을 알리는 신호가 될 것이다, 즉 재앙을 불러올 것이라고 예측하고 있습니다.

이런 트랜스휴먼을 통해서 장수에 대한 희망 그리고 초능력을 갖는 것은 개인에게나 인류 전체에게 좋은 것이라고 생각할 수도 있을 것 같은데요, 왜 재앙이 될 거라고 단정하는 건가요?

간단히 말하면 사이보그(Cyborg)는 인간이 더 이상 아니죠. 비인간이라고 이야기할 수 있습니다. 그래서 카스는 이런 얘기를 해요. "인간이 바퀴벌레가 되는 것이나 인간이 트랜스휴먼이 되는 것은 본질적으로 차이가 없다." 이렇게 주장하죠. 이들 반대론자들은 인간 본성이 자연적으로 주어진 것, 공통적인 것이라고 생각합니다.
그래서 그 시각에서 봤을 때 트랜스휴먼은 인공적으로 완전히 다른 존재를 만드는 것이죠. 그것은 달리 얘기하면 기존의 인간 본성이 사라진 것을 얘기하는 것이고, 그런 의미에서 트랜스휴먼을 인간으로 볼 수 없다는 얘기죠. 그런 의미에서 인간의 탈인간화라고 말하는 겁니다.

사실 인간은 계속 진화를 해오고 있지 않습니까? 그런 의미에서 본성조차도 계속 변화하는 것이 아닌가요?

넓은 의미에서는 그렇죠. 진화론적 관점에서는 지금 교수님이 말씀하신 이야기를 할 수 있을 겁니다. 결국 사이보그라고 하는 것도 새로운 인간 종으로서의 진화의 한 형태라고 할 수 있겠죠. 자연적 진화가 아닌 인간에 의한 조작적 진화로 봐야 하는 것이죠. 그것도 진화의 측면에서는 분명히 진화이긴 한데 조작적 진화라는 의미에서 아주 특수한 진화라고 이야기할 수 있습니다.

본성도 역사적 산물이라고 하는 것은 당연하고요. 사회역사철학을
하는 사람들 입장에서는 당연히 본성이 역사의 산물입니다. 심지어
본성이 과연 존재하는가? 이런 질문까지 물론 던질 수 있죠.

단순히 두뇌의 능력 혹은 신체의 능력만이 아니라 다른 능력, 예를 들
어 문화예술능력(창작 및 향유) 부분도 인간 향상 기술에 의해서 높일 수
있지 않을까요? 이런 점에서 보면 트랜스휴먼이 좋아 보이는데 어떻
게 생각하십니까?

그렇죠. 트랜스휴먼이라고 하는 걸 기술적인 관점에서 정의하면 인
간 향상 기술이라고 이야기할 수 있는데, 교수님이 지금 말씀하신
그 부분이 바로 찬성론자들이 제기하는 아주 중요한 논점이고 근거
입니다.

찬성론자들은 일반적인 초지능, 정확한 판단능력, 또 예술창작능력
의 향상만을 이야기하지 않아요. 도덕적 결함, 또 정신질환이 없는
트랜스휴먼이 등장할 것이라고 예측하고 있고, 그런 기술을 개발
해야 한다고 이야기하고 있죠. 영국의 학자 중에서 잉마 페르손
(I. Persson)과 줄리안 사블레스쿠(J. Savulescu)라는 사람이 있는데, 이
사람들은 인간의 도덕적 진보를 위해서 이런 기술들을 적극 활용해
야 한다고 아주 강하게 주장하고 있습니다.

독일의 현대 철학자 중에서 페터 슬로터다이크(Peter Sloterdijk)라는
인물이 있어요. 이 인물은 1999년에 슬로터다이크 논쟁으로 세상에
이름을 알린 철학자입니다. 그는 『인간 농장을 위한 규칙』에서 유
전공학을 활용해서 엘리트 인간을 만들어야 하고, 또 인간의 도덕
성 향상을 위해서 유전공학 기술을 왜 사용하면 안 되는가? 이런

문제 제기를 했었죠. 제가 볼 때 그가 플라톤이 일찍이 언급한 우생학적 사유와 실행의지를 부활시켰다고 볼 수 있죠. 그 당시 철학계에서나 사람들의 반응이 어떻겠어요? 독일을 대표하는 주간지인 〈디 차이트(Die Zeit)〉는 "니체의 초인 이론을 유전공학 시대에 맞게 변형시킨 파시즘적 수사"라고 비판했는데 대부

페터 슬로터다이크

분의 사람들도 크게 차이가 없는 반응을 보였습니다. 우스갯소리지만 일반 생활에서만이 아니라 이론적으로 '도발적 주장'을 하면 세인들의 관심을 끌게 되죠.

슬로터다이크의 주장이나 그의 주장을 찬성하는 사람들의 생각의 긍정적인 면만 부각한다면, 완벽한 인간에 대한 꿈과 그러한 완벽한 인간들이 사는 사회를 그리는 것이라고 평가할 수 있습니다. 이러한 시각의 연장선상에서 차원을 약간 달리하지만 트랜스휴먼이 필요하고, 트랜스휴먼 기술이 필요하다고 주장하는 사람들이 생기는 것이죠. 소위 현재 논의 중인 증강인간이란 인간의 결핍과 능력을 개선하는 차원이고 슬로터다이크의 시각과는 거리가 있음은 분명합니다. 어찌됐든 트랜스휴먼, 곧 증강인간의 등장 문제가 그렇게 간단한 문제가 아닙니다. 만약 트랜스휴먼이 될 수 있는 자본과 기술을 가진 인간과 또 그렇지 못한 인간을 생각해볼 수 있지 않습니까? 그리고 자연적 출생자와 사이보그 같은 인공적 출생자들이 공존하는 사회를 생각해볼 수 있죠.

그럼 당장 떠오르는 것이 뭐겠습니까? 불평등이라는 개념이죠. 불평등과 새로운 계급 사회 생각을 하지 않을 수 없어요. 앞에서 사회적 불평등에 관련된 얘기를 했었는데, 〈가타카(Gattaca)〉 영화에서도 확인할 수 있지 않습니까? 빈센트(Vincent)처럼 하층계급으로 평

생을 사는 자연출생자가 있고, 또 안톤(Anton)처럼 상류계층으로 사는 인물이 있고, 결국 유전자 계급 사회라고 볼 수 있지 않나요? 그래서 트랜스휴먼 반대론자들은 그 점을 강하게 지적하는 것이죠. 트랜스휴먼이 자연적 인간보다 어떻게 더 높은 도덕적 지위를 가질 수 있는가? 그렇게 보지 않는 것이죠. 더 높은 도덕적 지위를 가질 수 없기 때문에 트랜스휴먼이, 그것으로 가는 과학기술 연구가 정당성을 가질 수 없다고 반대론자들은 이야기합니다. 또 이들은 위험요소가 완전히 제거될 수 있느냐, 없느냐가 중요한 게 아니라는 거예요. 도덕적 정당성 그 자체가 중요하다는 것이죠.

완벽한 기술이 존재할 수 없다고 본다면 그런 위험은 여전히 있을 것 같은데요. 그런데 완벽한 기술이 존재한다고 가정하면 지금 논의들은 불필요한 걱정이 아닐까 하는 생각을 하게 됩니다.

그렇죠. 완벽한 기술이 있다면 불필요한 논의가 틀림없죠. 그런데 문제는 완전한 기술이 존재할 수 있느냐? 과학기술의 발전은 역설적으로 과학기술이 완벽하지 않다는 것을 보여주는 거지 않겠습니까? 그다음에 중요한 것은 계산할 수 없는 위험은 여전히 상존한다는 거예요. 또 그런 과학기술에 대해서 우리는 한스 요나스(Hans Jonas)가 얘기하고 있는 과학기

한스 요나스

술이 가지고 있는 잠재적 위험성, 트랜스휴먼이 가지고 있는 잠재적 위험성은 그 파괴력이라고 하는 측면에서 더 크겠죠. 그래서 그런 생각들을 해볼 필요가 있습니다.

그렇다면, 트랜스휴먼 반대론자들의 논리를 격파할 수 있는 그런 논거가 없다고 보시는지요?

있기는 있죠. 가령 반대론자들을 종 우월주의자로 몰고 가는 겁니다. 그렇게 공격하는 것이죠. 그들은 트랜스휴먼을 비인간으로 정의하죠. 그것 자체가 좌우지간 종 우월주의를 내재하고 있다고 봐야죠. 이 종 우월주의는 결국 종 차별주의에 근거하는 것이죠. 자연적 인간과 트랜스휴먼의 도덕적 지위가 같아야 한다는 것도 결국 뭐겠어요? 인간 종 중심주의에 근거하고 있다고 봐야죠.

사실 진화론적 관점에서 보면 다양한 인간 종 중에서 호모 사피엔스가 살아남지 않았습니까? 그래서 제가 볼 때는 이런 관점에서 반대론자에게 반론을 충분히 제기할 수 있다고 생각합니다.

만약 우리가 언젠가 트랜스휴먼을 만들 수 있는 과학기술을 획득하게 된다면, 그것을 또 현실적으로 사용하게 된다면 인간이라는 존재 의미를 묻는 것이 다시 문제가 될 것 같은데요. 어떻게 생각하십니까?

그렇죠. 결국 그 문제이죠. 트랜스휴먼 시대에 인간의 정체성 문제가 더 이상 제기되겠습니까? 인간만이 아니라 신체, 자의식, 초지능 등이 더 이상 인간의 정체성을 구성하는 본질적인 요소가 될 수 없죠. 결국 인간과 비인간의 경계가 해체되는 것이죠.

인간의 정체성은 사실 식물과 동물과의 비교를 통해서 차별적으로 정의해왔다고 볼 수 있죠. 항상 이성을 가진 존재이냐, 아니냐를 따졌던 게 철학사이고 인류사라고 이야기할 수 있죠. 그것이 종 우월주의의 시작이고요. 그래서 모두가 트랜스휴먼이 될 수 있는 시대에 우리는 누가 인간인가에 대해서 더 이상 묻지 않을 것입니다. 그 문제가 자연 해소되는 것이죠.

만약에 자연 인간과 트랜스휴먼의 공존시대가 온다면 방어적 차원의 인간의 정체성에 대한 논의는 당연히 있을 수 있겠죠. 동물보다낫고 또 트랜스휴먼보다 못한 어떤 종. 그런 종은 종의 고유성에대해서 강조하지 않겠습니까?

트랜스휴머니즘의 꿈이 실현될 수 있다면 그 꿈을 지금 누가 꾸고있는가? 누가 트랜스휴먼의 꿈을 꾸고 있는가? 이런 질문을 던져야할 것 같습니다.

역설적이게도 트랜스휴먼에 대한 꿈은 어떤 형태로든 과학자들이긴하지만, 과학자들은 역시 인간이니까 인간이 꾸고 있다고 말씀드릴수 있습니다. 그래야 트랜스휴먼이 되지 않은 상태의 인간이죠. 왜묻느냐 하면 트랜스휴먼은 플라톤이나 니체, 영국의 아주 유명한인종주의자였던 길버트 라일한테서도 볼 수 있어요.

이런 종류의 생각이 21세기의 우생학(eugenics)이라고 볼 수 있습니다. 그런데 우생학의 위험은 항상 기술, 또 자본의 독점, 소수 수혜자를 전제로 하죠. 그게 문제인 것이죠. 독재적이고 엘리트주의적발상이다 하는 비판을 받을 수가 있겠죠.

그다음으로 문제가 되는 것은 모두가 트랜스휴먼 기술의 도움을받는다고 가정을 한번 해봅시다. 그렇다면 누구나 아인슈타인보다오히려 뛰어난 머리를 가질 수 있겠죠. 누구나 갈릴레이가 만든망원경보다 수천 배의 능력을 가진 눈을 가질 수 있겠죠. 피카소(Picasso)보다 더 뛰어난 그림을, 베토벤보다 더 뛰어난 음악을 들수 있겠죠.

그런데 트랜스휴먼들이 경쟁하는 사회, 그러한 트랜스휴먼만이 존재하는 사회에서 과연 경쟁과 계급이 완전히 사라질까요? 아니면새로운 형태의 경쟁과 계급이 생길까요? 쟁점은 이거라고 봅니다.여전히 그 부분은 경쟁과 계급이 존재하리라고 보이는데요, 많은윤리사회적 또 인간학적 문제를 만들어 낼 것이라고 생각합니다.

그럼에도 불구하고 인공지능 시대 또 인공지능에 의해서 위협받는 인간에 대한 이야기를 주로 해왔습니다. 특이점 이후 강한 인공지능 시대에서 인간의 삶에 대한 약간 우울한 이야기들은 지금까지 이어오고 있습니다.

그런데 트랜스휴먼, 뭔가 사람에게 좀 더 가까운 느낌이 드는데요. 어떻게 생각하십니까?

그렇죠. 그런데 중요한 것은 인공지능의 문제이든 트랜스휴먼의 문제이든 간에 아직 오지 않거나 미래의 예측 단서가 조금밖에 보이지 않는 시점에서 결국 그 상태에 있다는 것이죠. 누구나 트랜스휴먼이 되고 싶다고 하는 것은 과거 중세시대의 언어로 번역하면 누구나 신이 되고 싶다는 것과 똑같죠. 문제는 그 시점, 아직 오지 않은 상태와 예측하기 어려운 미래 사이에서 인간이 지금 존재하고 있다, 그게 바로 문제가 될 겁니다.

PART **11**

도덕적인 너무나 **도덕적인 AI?**

철학자
니체(Friedrich Wilhelm Nietzsche)는
그의 중기 저작에 해당되는 책인
『인간적인 너무나 인간적인』에서
기존의 것에 대한 전면적인 비판을 위한
'가치의 전도'와 '자유정신'을 말한다.
낮은 단계의 AI 시대에 우리는 인간과 똑같은 수준의
감성과 이성능력을 가진 인공지능을 생각하지 못한다.
그런데 만약 그와 같은 능력을 가진 AI가 등장할 수 있다면
우리는 한 가지 문제를 더 생각해봐야 한다.
감성능력과 이성능력을 가진 인간은
그를 인간이게 하는 또 다른 능력인 도덕능력을 갖고 있다.
이것을 우리는 우리 자신에게서 확인할 수 있다.
도덕능력이라는 것은 무엇인가? 간단하다.
무엇이 도덕적으로 옳은지, 옳지 않은지를 알고
판단하는 능력과 실천능력을 의미한다.
이것은 AI가 감성과 이성을 인간처럼 갖게 된다면
그 역시 인간과 마찬가지로 도덕능력을 갖게 된다는 것을 의미한다.
이것은 AI 발전사에 완전히 새로운 역사를 쓰는 거와 같다.
도덕적인 인공지능이 아니라 도덕적인
너무나 도덕적인 AI가 탄생할 수도 있다.
이것은 완전한 인격체로서 AI,
완전한 '자유정신'의 주체로 등극하는 순간이다.
우리가 미래로 떠날 때 만나게 될 도덕적인
너무나 도덕적인 AI는 어떤 모습일까?
그 탄생의 과정을 함께 탐험해 보자.

1.
윤리적 인공지능의 현주소는 어디에?

🤖 **교수님, 지난 여행에서 저희가 무엇에 대해서 이야기했었죠?**

💬 감성이라는 땅을 여행했죠. 생각과 감정에 대해 둘러봤죠. 생각과 감정, 그것은 표현과 행위로 나타나는데 표현과 행위는 판단을 유발합니다. 규범적인 판단, 이것은 인공지능의 행위의 문제인데, 결국 행위의 문제는 윤리의 문제와 관련이 됩니다. 그래서 오늘은 인공지능과 윤리적인 문제에 대해서 교수님과 대화를 나누어보도록 하겠습니다.

🤖 **먼저 윤리적 인공지능이 가능하고, 가능하다면 윤리적 인공지능의 개발은 어디까지 왔는지가 궁금한데요. 일단 개발 현황과 기술적인 수준에 대해서 알아야 될 것 같습니다. 말씀해 주시죠.**

💬 지난 시간에도 다루었던 내용인데요, 마이크로소프트의 테이(Tay)라는 인공지능이 인종차별적인 발언을 한 기사를 보신 적이 있으실 겁니다.
기술적으로 현재 인공지능은 규칙 기반과 기계학습 기반으로 나눌 수 있습니다. 규칙은 프로그래머가 정해주는 규칙을 말하고요, 기계학습은 학습하는 데이터에 의존적인 지도 학습 방법입니다. 결국 규칙 기반이든 기계학습 기반이든 프로그래머 혹은 학습하는 데이터에 의존적인 인공지능 구현 방법입니다.

그래서 윤리적 혹은 비윤리적이라는 것은 규칙 기반에서는 프로그래머가 가지는 그 윤리가 인공지능에 반영이 되는 형태고요, 기계학습의 경우에는 학습한 그 데이터가 가지고 있는 어떤 윤리성이 인공지능의 윤리를 만든다고 할 수 있겠습니다.

예를 들어 앞에서 나온 테이의 경우 기계학습에 의한 인공지능인데, 테이를 학습할 때 사용했던 학습 데이터가 인종차별적인 생각을 가진 사람들이 만들어낸 데이터로 학습한 경우에 의해서 만들어진 것이라고 말씀드릴 수 있습니다.

지금과 같이 현재의 기술, 정해진 규칙이나 반규칙적인(여기에서 반은 half 혹은 semi의 의미), 세미 규칙적인 기술에서 벗어나서 인공지능에게 어떤 판단의 임의성을 준다고 한다면, 그래서 그 판단에 대해서 보상이나 벌칙을 주는 형태의 강화 학습 방법을 통해서 윤리를 학습시킬 수도 있겠습니다.

테이의 예를 들어 윤리를 가르친다면, 테이에게 이번에 잘못되었으니까 앞으로 그런 판단을 하지 말라고 강화 학습 기법을 사용하는 식이 되겠습니다. 이번에는 네가 잘못했으니까 다음부터는 그런 인종차별적인 반응을 하지 말라고 하는 것이 강화 학습 방법인데요, 문제는 시간입니다.

 시간이요?

예, 시간이 걸린다는 얘기죠. 그리고 그렇게 아주 잘못된 판단에 대해서 잘못되었다고 일러주는 메타적인 지식이 필요합니다. 즉, 어떤 점이 잘못되었다고 판단할 것인지, 어떤 점이 윤리적으로 잘 했다고 판단할 것인지 하는 메타적인 지식이 꼭 필요한데요.

이런 지식이 필요하다는 것 때문에 이것을 직접적으로 접근하고 있는 사례가 있습니다. 바로 매사추세츠 공대(MIT: Massachusetts Institute of Technology)의 윤리기계(Moral Machine)라는 것입니다. 어떤 사안에 대해 어떤 결정이 윤리적인 결정인지에 대한 지식을 수집하는 사이트입니다. 이러한 메타 지식이 쌓이게 되면 무인 자율 기계가 윤리적으로 어떻게 행동해야 할지에 대한 학습 데이터 혹은 강화 학습을 위한 메타 지식이 쌓인다고 보시면 됩니다.

현재는 이러한 윤리적인 데이터를 쌓아가는 단계라고 보시면 되겠습니다.

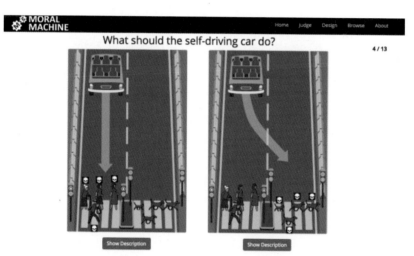

MIT의 윤리기계 홈페이지 화면: 응답자는 횡단보도의 상황이 화면과 같을 때 자동차가 직진(좌)과 진로 변경(우) 중 어느 것을 선택하는 것이 윤리적인지 선택하도록 요청받는다.

〈MIT Moral Machines 웹사이트〉

2.
인공지능의 윤리적 쟁점

현재 인공지능에 있어서 윤리적인 개념의 발달 사항을 잠깐 살펴보았는데요. 인공지능의 이런 도덕 개념을 적용할 수 있는지, 즉 도덕적 주체로 간주할 수 있는지에 대해서 한번 말씀을 해주시겠습니까?

사실 저는 MIT 대학에서 지금 연구 중인 윤리기계 같은 연구 자체가 인공지능을 윤리적 주체로, 인공지능에게 인격성이든, 준인격성이든, 유사인격성이든 간에 인격성 부여를 전제로 해서 이미 연구가 시행되고 있다고 보이는데요.

그런데 철학적으로 봤을 때는 관점에 따라서 좀 다릅니다. 인간만이 윤리적 주체가 될 수 있다고 하는 것이 전통적인 윤리학의 입장이죠. 인간과 인간 사이의 삶의 규칙 일반을 우리가 윤리라고 얘기하기 때문에 그렇게 말씀드릴 수가 있습니다. 렌셀러폴리테크닉대학(Rensselaer Polytechnic Institute: RPI) 'AI&추론연구소'의 셀머 브링스요드(Selmer Bringsjord)와 같은 인공지능 연구자들도 인간지능을 모방한 인공지능은 자율적 윤리 주체로 볼 수 없다는 입장을 취하고 있죠.

인공지능을 인공적 도덕 행위자로 볼 것인가, 말 것인가가 아주 상당히 중요한, 핵심적인 얘기라고 할 수가 있는데요. 이 논의는 콜린 앨런(Colin Allen)하고 웬델 월러치(Wendell Wallach)가 《윤리기계(Moral Machines)》라고 하는 텍스트에서 아주 구체적으로 논의를 하고 있습니다. 결국 문제는 인공지능이 인간 수준의 자율적 판단과 행위 능력을 갖고 있다면 도덕적 행위자로 봐야 된다고 하는 게 두 인물의 주장입니다. 이 경우는 당연히 자율적 판단과 행위 능력을 전제로 하기 때문에 법적 처벌의 대상, 법률적 적용의 대상이 될 수가 있겠죠.

아이작 아시모프(Isaac Asimov)와 같은 인물은 그래서 로봇 3원칙을 얘기했고 또 아시모프의 로봇 3원칙의 여러 가지 이론적 변형들이 있었는데, 그중에서 머피(Murphy)나 우즈(Woods) 같은 인물은 직접적으로 인공적 도덕 행위자를 인정하는 이상 로봇도 도덕적 책임으로부터 또 법적인 책임으로부터 자유로울 수 없다는 주장을 해 왔습니다.

 로봇 원칙을 제시했다고 했는데, 로봇 원칙이 무엇인가요?

아시모프가 공상 과학소설 『런어라운드(Runaround)』에서 말하고 있는 로봇 3원칙이 있죠. 제1원칙은 로봇이 인간에게 직접적인 해를 가하거나 행동을 하지 않음으로써 인간에게 해를 끼쳐서는 안 된다는 것입니다. 제2원칙은 로봇이 인간의 명령에 복종해야 된다, 단 제1원칙에 위배되지 않는 한. 이것은 위배될 때는 예외로 한다고 얘기할 수 있습니다.

제3원칙은 로봇은 자신을 보호한다. 단 그러한 보호가 제1원칙, 제2원칙에 위배될 때만 예외로 한다는 것입니다. 이것이 바로 로봇 3원칙이죠.

결국 1, 2, 3원칙의 핵심은 무엇이고 로봇은 누구를 위해 봉사하는 것인가? 바로 인간과 인간 종을 위해서 봉사해야 된다고 하는 대전제가 로봇 3원칙에 들어가 있다고 생각할 수 있습니다.

사실 아시모프의 로봇 3원칙 이외에 말씀드린 바와 같이 다양한 수정 제안들이 있었고 이론적인 변형이 있었는데, 역시 핵심은 인간 종의 보호와 인간 존엄성의 보호라고 할 수가 있고요. 인공지능 로봇은 거기에 충실해야 된다는 것이 로봇, AI의 존재 의미라고 얘기

하는 것이죠. 결국 핵심은 바로 거기에 있고, 그것이 존재론적인 로봇의 유일한 근거라고 얘기할 수 있겠습니다.

🤖 교수님께서는 인공지능을 도덕적 행위자로 간주하는 기준이 자율적 판단 그리고 행위자로서의 행위능력이라고 말씀하셨는데요, 그러면 자율적 판단의 전제로 되어야 하는 조건이 있나요?

💬 자율적 판단의 전제 조건은 옳고 그름의 도덕적 지식이 전제가 되어야 됩니다. 또 도덕적 지식에 의한 행위와 행위에 대한 판단능력을 전제로 해야 되죠.

그런데 도덕, 도덕적 지식이라고 하면 상당히 상대적인 개념일 것 같은데요, 그렇지 않나요?

상대적이죠. 도덕 상대주의적인 생각에 상당히 익숙해져 있는 게 현대인이기도 하죠.

그럼 이런 생각을 한번 해볼 필요가 있습니다. 도덕 직관론자라고 하는 사람들이 있죠. 이 사람들이 생각하는 도덕은 직관적으로 파악할 수 있다는 것이에요. 이것이 옳고 그른지, 이러한 행동이 옳고 그른지에 대해서 직관적으로 파악할 수 있다고 보죠. 이 시각에서 보면 인공지능이 도덕 행위자가 되려고 한다면 인공지능도, 그 로봇도 도덕적 직관능력이 있어야 되겠죠.

우리는 동양에서 맹자(孟子)를 생각해 볼 수가 있는데, 타자의 고통의 민감성에 대해서 맹자는 측은지심을 이야기합니다. 측은지심(惻隱之心)이 바로 도덕적 행위의 원리라고 보고 있는데. 맹자의 시각에서 봤을 때는 측은지심이 있어야지 인공지능을 도덕적 행위자로 인정할 수 있을 것입니다.

도덕(morality)은 감정의 문제라고 생각하는 인물들도 굉장히 많이 있는데, 그중에서 대표적인 인물이 데이비드 흄(David Hume)이라고 할 수 있죠. 흄은 인과성도 부정하고 자아 등에 있어서도 부정했던 인물이지 않습니까? 또 흄은 도덕의 문제를 감정과 연결시킵니다. 그는 만약 우리가 특정 대상이나 사람에게 좋은 감정을 갖는다면, 그것은 도덕적으로 좋은 것이라 생각했어요. 반대의 경우는 도덕적으로 나쁜 것입니다.

흄의 입장에서 볼 때, 인공지능이 도덕적 행위자로 간주될 수 있는 길은 단 하

데이비드 흄

나입니다. 문학적으로 표현하자면 감성적이고 섬세한 자기만의 연주를 하는 경우이지요.

이제 도덕의 상대성 측면에서 봤을 때 문화 사이에 어떤 문제가 발생할지 생각해보죠. 알다시피 특정한 문화 공동체마다 다른 문화적인 기반들을 가지고 있죠. 그런데 각각 다른 문화 공동체에서 인공지능을, 로봇을 만들었다고 했을 때 문제는 그럼 어떻게 상호 간 도덕적인 행위의 교환이 일어날 수 있는가 하는 것이고, 번역 시스템이 필요한 것이죠. 그래서 그런 경우에는 도덕규범의 해석이 가능한 인공지능만이 도덕적 행위자로 간주할 수 있을 것입니다.

그러면 결국 문화적 배경을 가진 각 커뮤니티마다 인공적 도덕 행위자가 존재할 수 있다는 말씀이시네요.

기술적으로 가능하다면 가능한 얘기죠. 그런데 엄밀한 의미에서는 그렇게 볼 수 없는 측면이 있습니다. 왜 그러냐 하면 인공적 도덕 행위자 논의는 현재 기술적 차원이나 규범적인 방향이 어떤 차원에서 논의되고 있는가에 달려있죠. 윤리기계에 대한 논의에서 알 수 있듯이 현재는 문화적 상대성과 다원적 도덕관을 넘어서서 소위 보편적인 가치를 지향하고 보편적인 도덕 원리에 입각해서 인공적 도덕행위자 논의가 이루어지고 있다고 봐야 되겠죠.

인공적 도덕 행위자(artificial moral agent)와 같이 아직까지는 생소한 논의는 조금 차치하고라도 우리의 실생활에서 인공지능과 관련된 윤리적인 문제는 어떤 것이 있을까요?

인공지능 자체에서 발생하는 윤리적인 문제는 크게 3가지로 예를 들어서 볼 수가 있습니다. 아시다시피 테슬라 모델 S, 자율주행 자동차 사망사고가 발생하지 않았습니까? 이 경우에 당장 책임의 소재가 누구인가? 이런 문제들이 제기가 되죠. 제조사 책임인지, 사용자 책임인지, 아니면 자율주행 차량 그 자체에 책임이 있는 것인지, 또 아니면 책임 비율을 어떻게 배분할 수 있는지의 문제가 발생하죠. 현재는 사용자 중심의 책임 원칙을 따르고 있는 것으로 보입니다. 그래서 완전 자율주행이 아닌 자율주행 보조 장치로 이해하고 있는 것이죠.

두 번째 실제적으로 저희가 볼 수 있는 것은 로봇 어드바이저라고 하는 회사가 미국에서 설립이 됐는데, 로봇에 의한 어드바이징을 통해서 자산 관리를 하고 주식도 관리해주는 회사입니다. 그런데 주식을 사고파는 과정에서 당연히 손해가 발생하지 않겠습니까? 이 경우에 로봇에게 손해배상을 청구할 것인가? 로봇 어드바이저를 소유한 회사에 손해배상을 청구할 것인가? 아주 실제적인 문제 상황에 봉착하게 되는 것이죠.

이것보다 좀 더 심각한 문제는 미래 사건이 될 수도 있겠는데요, 바로 킬러 로봇 문제죠. 치명적인 자율 무기 시스템인 킬러 로봇이 특정한 국가 또는 개인에 의해서 개발되고 운영된다면 이것은 굉장히 심각한 문제가 발생할 수 있고 단순히 윤리적인 문제가 아니라, 전쟁을 불러일으킬 만한 아주 심각한 문제가 되겠죠.

그렇다면 현실적인 문제에서 조금 더 근원적인 부분으로 인공지능과 인간의 관계라는 관점에서는 어떤 윤리적 쟁점이 있을 수 있을까요?

인공지능과 인간의 상호관계라고 하는 측면에서 봤을 때는 저희가 두 번째 모듈에서도 얘기했지만 인공지능을 인공적 도덕 행위자로

마사가 애쉬와 추억이 있던 해변에 함께 서있는 장면

볼 것인가 관련해서는 현실적으로 법적 적용의 대상과 처벌 문제가 가장 중요한 쟁점이 될 겁니다.

법적 처벌을 하는 경우를 가정했을 때, 결국은 그것은 인격성을 부여한다고 하는 의미인데요. 이 경우에 인공지능에게, 로봇에게 어느 정도까지 인격성을 부여할 것인가가 핵심 이슈가 되겠죠.

가령 소셜 로봇들을 생각해 볼 수가 있는데, 영국의 드라마 블랙미러에 보면 남편의 역할을 대신하는 로봇이 등장하죠. 그런데 이야기는 어떻게 흘러갑니까? 남편보다 부인의 심리적인 기대치, 실제적인 기대치를 능가하죠. 그러다 보니까 로봇 남편과의 관계가 어그러지게 됩니다.

마사는 얘기를 하죠. "넌 그냥 잔물결일 뿐이야. 너한테는 과거가 없어. 애쉬가 생각 없이 했던 행동들을 흉내내는 것뿐이야." 이것은 무슨 얘기입니까? 저 로봇은 인격성을 가지고 있지 않다는 주장이죠. 그런데 그 여성은 어떻게 주장하는 것이죠? "얘는 최고의 인격성을 가진, 또 나에게 가장 적절한 인격성을 가진 유사사람이야" 혹은 "사람이야"라고 주장하는 것이죠. 결국은 어디까지를 인격성으로 보아야 하는지의 문제를 보여주는 대사의 교환이라고 볼 수가 있습니다.

또 세 번째는 로봇의 인격성을 인간과 동일하게 부여한다면 또 다른 문제가 발생할 수가 있죠. 어떤 문제겠습니까? 로봇도 나와 인간과 동일한 인격성을 갖는다, 단지 그것은 종의 차이일 뿐 동일한 인격성이란 말이죠. 이 경우에 인간이란 도대체 무엇인가? 인간의 존엄성은 무엇인가에 대한 아주 근본적인 문제가 제기가 되는 것이죠. 결국 정체성 문제라고 이야기할 수 있습니다.

네 번째는 로봇에게 인간과 동일한 인격성을 부여하는 경우에 인간과 로봇, 로봇과 로봇, 완전히 새로운 종류의 삶의 규칙, 법률적인 관계가 재구성될 수밖에 없고, 그래서 그와 관련된 일들이 진행될 수밖에 없겠죠.

다섯 번째는 인공지능과 인간관계에서 인공지능 설계자, 개발자들의 책임 윤리가 가장 중요한 문제로 부각되지 않을까? 하는 생각을 합니다. 나쁜 의도를 가진 설계자나 잠재적 위험을 고려하지 않은, 혹은 잠재적 위험 자체가 고려될 수 없는 기술적인 수준에서 윤리의 알고리즘을 인위적으로, 자의적으로 구성할 수가 있겠죠. 이 경우에 개발자, 설계자들의 문화적 편견, 정치적인 편견들이 많이 개입이 됐을 때 그것은 인간 지능과 로봇 간 상당한 갈등과 마찰, 또 관련자들의 갈등과 마찰이 발생하리라고 봅니다. 그다음으로 문제의 핵심은 로봇 윤리, 윤리 가이드의 준수가 중요하다는 논의를 이야기 할 수밖에 없을 것입니다.

여섯 번째로는 인공지능과 인간 사이의 프라이버시 문제가 제기가 되겠죠. 나보다 나의 정보를 더 많이 알고 있는 인공지능, '너는 내 손안에 있다'는 말을 하겠죠. 이런 문제가 발생할 것입니다. 인공지능의 소유와 이용의 격차, 이것은 아주 심각한 새로운 사회 질서, 또 사회 질서를 구성하는 원리로 작동한다면 지금 시대와 다른 종류의 불평등의 문제가 발생할 것이고, 그것은 곧 윤리적인 문제이면서 동시에 사회적인 문제가 되겠죠. 그다음에 생각할 수 있는 게 인공지능의 생산, 유통, 소비 차원에서 이익 당사자 간 갈등과 대립 조정이 가장 근본적인 문제가 될 것입니다.

현재는 약한 인공지능 시대(Weak Artificial Age)로, 아직 강한 인공지능 시대(Strong Artificial Age)는 오지 않았다고 보는데요. 약한 인공지능 시대에서 가장 중요한 윤리적 쟁점은 무엇이라고 보십니까?

사실 많은 사람들이 강한 인공지능보다 약한 인공지능인 지금 현재적 수준이 인간에게 더 많은 불안과 위험 요소를 가지고 있다고 봅니다. 윤리적인 측면에서 봤을 때는 인공지능의 안전성과 위험성에 관련된 윤리적인 문제가 결국은 핵심이 되지 않을까요?

안전성의 문제가 확실하게 해결되지 않는 이상, 윤리적 알고리즘의 신뢰성이 확보되지 않는 이상, 여기와 관련된 문제는 핵심적인 문제가 될 수 있다고 생각이 듭니다. 특히 소셜 로봇, 케어 로봇 같은 경우에 안전성은 아주 중요한 문제가 되겠죠.

그 다음에 두 번째로 인공지능 개발자와 산업 종사자, 또 소비자들의 책임 윤리가 아주 중요합니다. 그래서 현재로서는 국제적 로봇 윤리 위원회 같은 것이 설치되고 또 검증, 운영이 되어야 된다고 봅니다.

세 번째는 인류의 공공성을 위한 개발, 또 인류의 공공을 위한 로봇 인공지능의 이용에 관련된 논의들이 핵심적인 윤리적 문제가 되어야 되고, 되고 있는 현실이죠.

NASA의 인공지능 로봇 연구개발 현장

<skglobalsolutions.com>

🤖 **인공지능 관련된 윤리 헌장이니 윤리 가이드니 이런 논의들이 많이 나오고 있는데, 결국 그 내용의 핵심은 무엇일까요?**

🤖 첫 번째는 공공성, 두 번째는 책무성, 세 번째는 통제성, 네 번째는 투명성이 되겠습니다. 공공성은 아시다시피 AI 공익성, 공익적인 관점에서 공익성을 확보해야 된다는 것이죠. 누구나 접근 가능하고 사용 가능한, 또 그것을 통해 삶의 질의 증가와 사회적 행복을 높일 수 있는 것이죠.

책무성이라고 하는 것은 크게 개발자의 영역, 공급자의 영역, 또 사용자의 영역에서 책임 윤리와 관련된 얘기가 될 테고요.

통제성도 가장 중요한 것은 개발 과정에서의 안정성의 문제일 텐데, 유통에 있어서나 이용자에 있어서도 통제의 문제는 상당히 중요하죠.

그다음 투명성은 전체적인 차원의 위험관리라고 하는 측면에서 아주 중요한데, 개발 과정이나 유통, 이용에 있어서 모든 정보가 공유되고 관리되는 것을 의미합니다.

PART 12

새로운 노동세계의 서막
태양의 나라로 or 실업지옥으로

AI 시대의
노동세계는 어떤 모습일까?
인류는 AI 덕분에
노동의 수고로부터 해방될 수 있을까?
17세기 이탈리아 사람
톰마소 캄파넬라(Tommaso Campanella)는
『태양의 나라』라는 소설을 썼는데
그 소설에 노동 유토피아 이야기가 등장한다.
실론이라는 섬의 언덕에 세워진 이 나라의 모든 사람은
하루 4시간만 일을 하며 나머지 시간은 학문과 예술활동을 즐긴다.
산업혁명의 어둡고 잔혹은 실상을 현장에서 지켜봤던 칼 마르크스는
'능력에 의한 노동과 필요에 따른 분배'라는
또 다른 노동해방의 아름다운 꿈을 꾸었으며
혁명적 실천을 시도했었다.
AI 시대의 노동세계를 캄파넬라나 마르크스,
또는 벡이나 리프킨의 시선으로만 볼 수 없다.
부분적으로 변화되기 시작하는 새로운 노동세계를 탐험해 보자.
해방과 소외의 두 계기성이 동시에 내재한 노동의 세계를 탐험하는 여행은
긴장을 수반하지만, 캄파넬라와 마르크스와 우리들이 공유하는 꿈을 기억하며
AI 시대의 노동세계로 미리 들어가 보자.

1.
AI가 가져올 노동구조의 변화

🤖 교수님, 인공지능이 가져온 미래 환경의 변화를 대략적으로 살펴보았는데요, 노동문제를 빼놓을 수가 없죠?
이제 인공지능이 가져올 노동구조의 변화, 노동의 문제에 대해서 같이 한번 얘기를 나눠보죠. 언제쯤 AI가 본격적으로 노동대체효과를 가져올 것으로 예측하십니까?

💬 이 강좌 초반에 언급했던 세계경제포럼의 〈직업의 미래(The Future of Jobs)〉라는 보고서가 있습니다. 여기에서 미래 노동환경의 변화에 대해서 언급하고 있습니다.
먼저 변화 양상이 어떤 양상으로 나타날지에 대해서 알기 위해서 주요 변화 동인, 사회경제적 동인과 기술적 동인으로 나누어서 언

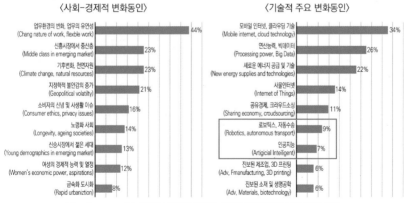

The Future of Jobs(WEF, 2016)가 전망한 제4차 산업혁명의 주요 변화 동인

WORLD
ECONOMIC
FORUM

COMMITTED TO
IMPROVING THE STATE
OF THE WORLD

Global Challenge Insight Report

The Future of Jobs

Employment, Skills and
Workforce Strategy for the
Fourth Industrial Revolution

January 2016

〈직업의 미래 보고서〉 표지

〈World Economic Forum〉

급하고 있습니다. 사회경제적 변화 동인으로 업무 환경 및 방식의
변화, 신흥 시장에서의 기술적 변화, 그리고 기술적인 주요 변화 동
인으로 인공지능과 자동화 로봇을 들고 있습니다.

파급효과는 아직은 미지수지만 어쨌든 인공지능과 기술이 미래 일
자리 변화를 예고하고 있는 상황입니다. 그 변화를 단적으로 표현
한 말들이 있습니다. 많은 나라에서 현재 많이 요구되는 직업이나
전문성들은 불과 5년 전 혹은 10년 전에는 없던 새롭게 만들어진
것이고, 현재 자라나는 초등학생의 65%는 현재 존재하지 않는 직업
에 종사하게 될 것이라는 전망을 내놓고 있습니다.

또 한편으로 다른 보고를 보면 영국의 옥스퍼드대(University of Oxford)
의 '미래 삶 연구소(Future of Life Institute)' 그레이스(Katja Grace) 교수
는 설문조사에서 인공지능이 세탁물을 접는 것은 50%의 확률로 수
년 내에 가능할 것이라고 보고 있고 인간의 모든 작업을 대체할 시
기가 125년 정도라고 주장을 하고 있습니다. 이와 같이 조금씩 차

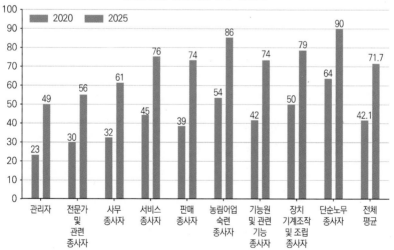

직종별 인공지능(로봇) 대체 비율(%)

기술변화에 따른 일자리 영향 연구

이가 나고 있는데요.

우리나라의 경우는 한국고용정보원에서 〈기술변화에 따른 일자리 영향 연구〉라는 보고서를 냈는데 여기에서는 2025년까지 인간 대비 다음과 같은 비율로 인공지능이나 로봇이 일자리를 대체할 것으로 예측을 하고 있습니다. 주로 단순 노무 직업이 여기에 속한다고 볼 수 있겠습니다.

2018년도부터 2020년까지의 변화, 영국 연구소나 한국 고용연구원에서 밝힌 실현 가능성, 또 예측의 정확성이 어느 정도인지 저 개인적으로는 상당히 의심스러운데요. 그럼 이런 질문을 던져보겠습니다. 어느 정도의 자동화 비율이 실제적으로 구체화될 것인가? 현실화될 것인가? 어떻게 보십니까?

OECD 혹은 몇몇 세계 기관들이 이런 자동화 비율에 대해서 다른 전망을 내놓고 있는데요. 옥스퍼드 대학 출신의 프레이(Frey)와 오스본(Osborne)의 2017년도에 수행된 연구조사에서 고위험군, 대체 확률이 70% 이상인 직업에 해당하는 인력은 고용인력 전체의 47% 정도로 예상을 하고 있고요. 이에 대한 비판으로 안츠(Arntz)라는 연구자가 얘기하기는 고위험군 대체인력이 9%로 미국의 경우를 얘기합니다. 이와 같이 47%, 그리고 9%로 큰 차이를 보이고 있습니다.

반면 우리 한국은 일자리 대체 비율이 6%대로, 경제협력개발기구(OECD: Organization for Economic Cooperation and Development)에서 그렇게 조사를 하고 있습니다. 그 이유는 자동화 도입 비율인데요. 국제 로봇협회에서 낸 보고에 따르면 우리나라가 자동화 비율이 가장 높은 것으로, 노동자 1만 명당 로봇 도입 대수가 631대로 조사대상국 중 1위를 차지했습니다. 싱가포르는 488대로 2위를 차지했고요. 평균은 74대였습니다. 이런 일자리 대체는 비숙련 노동자의 일자리가 위험하다는 것을 말해줍니다.

🤖 그러면 어떤 직업이 대체 위험이 가장 높을까요?

💬 앞에서 언급한 옥스퍼드 대학의 프레이와 오스본 자료에 따르면 텔레마케터, 도서관 기술직, 데이터 입력자, 상점 점원 등이 가장 위험한 직업군으로 보입니다.

영국 시티센터에서는 2030년까지 자동화와 인공지능으로 사라질 위험 직업을 꼽았는데요, 상점 분야와 관리 및 창고 영역이었습니다. 이렇게 암울한 보고들이 나오고 있는데 우리가 신빙성 있는 많은 정보를 가지고 좀 더 정확하게 예측할 필요가 있습니다. 그리고 어차피 우리 사회는 주도적으로, 적극적으로 그렇게 만들어가야 된다고 생각을 합니다.

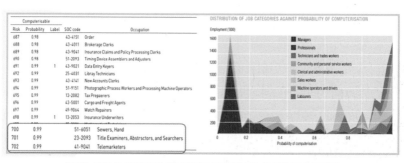

직업별 20년 내 컴퓨터화될 가능성(좌)과 컴퓨터화 가능성 관련 직업 분포(우)

〈Frey and Osborne, 2017〉

2.
인공지능 시대의 노동의 위기와 '새로운' 노동에 대한 희망

교수님, 일자리 그리고 노동은 단순히 한 사람의 사회적 생존과 관련 된 문제만이 아니고, 삶의 의미와 관련이 있고, 국민경제적 차원에서 도 경제 성장, 사회통합의 핵심요소라고 할 수 있는데요. 어떻게 이 문제를 바라보십니까?

그렇죠. 말씀하신 대로 인간은 우리가 호모 라보란스(Homo laborans, 노동하는 인간)라고 하지 않습니까? 노동은 삶과 존재의 의미의 기본 축이죠. 또 국민경제를 유지하는 기둥입니다.

사실 호모 라보란스라는 개념은 근대적 개념이죠. 아시다시피 고대 사회는 노예 노동에 기초한 경제구조였었고, 노동은 부정적인 것으 로 인식되어 왔죠. 자본주의의 시작과 함께 근본적으로 호모 라보 란스가 일반적인 개념이 되었다고 할 수 있겠습니다.

방금 전에 4차 산업혁명, 특히 인공지능으로 인해서 일자리 상실, 부족에 대한 예측과 전망을 말씀드렸는데요, 일자리 문제는 지금도 심각하지 않습니까? 여러 가지 보고에서 특히 청년실업률의 경우, 스페인의 통계를 따르면 2013년에 55%였다가 2017년에 38.7%로 감소를 했고, OECD 회원국 평균 청년실업률도 한때는 16.7%에서 2017년 12.0%로 감소하기도 했지만 여전히 높다고 할 수 있겠습니다.

호모 라보란스(Homo laborans)

〈Pixabay.com〉

이 문제를 철학적, 사회학적, 경제학적 관점에서 어떻게 볼 수 있나요?

아시다시피 고용 없는 성장이나 신자유주의 경제정책에서 노동의 유연성 개념, 노동의 노마드화, 또 맥도널드 잡(McDonald Job), 이런 개념들은 일반 시민들에게도 굉장히 익숙한 개념이죠. 심지어 노동의 종말이라고 하는 개념도 굉장히 익숙해졌습니다.

울리히 벡(Ulrich Beck)이나 제레미 리프킨(Jeremy Rifkin)은 '노동의 종말(The End of Work)'을 말하고 있는 대표적인 이론가라고 할 수가 있는데요, 이 의미는 산업사회의 완전 취업 활동의 종말을 의미하는 것이죠.

한국의 경우에는 IMF 이후에 이런 개념
들이 적용 가능하다고 저는 보고 있습니
다. 노동시장을 찾아 떠나는 노동노마드
(Lomads of Labor)의 보편화, 한국에도 이주
노동자들이 굉장히 많지 않습니까? 불연
속적 임시노동, 비정규직의 확산으로 40%
가 넘죠. 불안전한 고용형태의 확산, 노
동의 잡다성의 증가로 투잡도 하고, 쓰
리잡도 하고 전혀 종류가 다른 일을 하
기도 하는데, 이런 것들을 바로 노동의

리프킨, 노동의 종말

종말이라고 두 이론가는 이야기하고 있습니다.

또 기술 향상과 생산성의 증가, 노동관계의 탈규제화, 노동의 성격
의 변화, 바로 이런 것이 노동종말의 근본 원인이라고 파악하고 있
는 것이죠. 주목할 것이 종말이라고 하는 개념인데, 이들이 말하는
종말의 또 다른 의미는 일자리가 없어지지만 대체 일자리, 새로운
일자리가 발생하지 않는다는 그런 의미를 갖고 있죠.

그럼, 두 사람이 말하는 노동의 종말에 대한 대안은 무엇이 있는지 궁
금하네요?

리프킨은 '노동종말' 시대가 인간에게 양날의 칼이며 이 양날의 칼
을 어떻게 잘 활용해야 되는가? 하는 관점에서 '제3섹터'라고 하는
대안을 제시합니다. 제3섹터라는 게 뭐냐면? 비영리 고용창출 부분
사회 서비스를 제공하는 영역을 제3섹터라고 이야기합니다. 여기에
서 일자리 공유와 정신적 삶과 가치의 시간을 인간이 가질 수 있다
고 주장하죠. 그게 바로 양날의 칼의 긍정적인 측면이고 아주 희망

적이죠.

울리히 벡 같은 경우는 이와 같은 제안
만이 아니라, 주4일 근무제를 제안합니
다. 그는 노동 시간 단축이 새로운 불평
등의 원인이 되지 않도록 섬세한 설계가
필요하다고 강조하고 있죠. 이 두 사람
은 노동의 종말을 사회적 연대와 노동의
사회화를 통해서 극복하고, 이 노동의
종말이 바로 새로운 자유의 원천이 되어

울리히 벡

야 한다고 강조합니다. 사회학자이고 경제학자이지만 구체적인 대
안을 제시하는 데는 미흡하고 규범적인 방향의 차원을 제시하고 있
다고 비판받을 수도 있죠.

**교수님이 소개한 리프킨이나 울리히 벡의 주장에서도 희망과 절망이
함께 공존하는데요, 미래의 일자리에 대한 공포는 불가피한 것 같아
보입니다. 교수님은 이 암울한 진단을 어떻게 보시나요?**

사회적인 측면에서나 개인적인 측면에서 긍정적인 계기성이 분명히
있죠. 노동 없는 사회란 단순히 노동하고 싶어도 할 수 없는 사회
라는 그런 의미도 있지만, 산업사회 노동처럼 생존을 위한 노동에
서도 자유의지에 의한 선택적 노동이라는 긍정적인 의미가 있습니
다. 노동 없는 사회는 생존을 위한 노동을 넘어서 바로 실존을 위
한, 삶을 위한 가치 노동이라고 얘기할 수가 있고, 이런 노동이 다
중활동(multi-action)의 성격을 갖고 있다고 봅니다. 또 혹자 이론가
들은 탈 노동(delabourization), 혹은 포스트노동(post-labour)이라고 개
념화하기도 합니다.

노동 없는 미래사회의 긍정적인 측면이 뭐냐고 묻는다면, 자유롭고 즐거운 노동의 가능성이라고 이야기할 수가 있습니다. 이 점과 관련해서 유토피아 사회주의자라고 할 수 있는 샤를 푸리에, 또 네오 마르크시스트인 헤르베르트 마르쿠제(Herbert Marcuse)를 소개를 하고 싶습니다. 그가 그린 이상적인 사회라고 하는 것은 즐겁고 자유로운 놀이로서의 노동, 바로 그것이 가능한 사회를 탐구했는데, 그 사회를 바로 '팔랑쥬(phalange)'라고 명명을 했죠.

여기서 중요한 것은 개인들의 정념에 따라서, 또 취향에 따라서 노동을 선택하고, 그 노동을 통해서 자기 개발을 한다는 것이죠. 임금이 아니라 임금제도, 자본주의의 전형적인 임노동 체제가 아니라 배당제 성격을 갖고 있어요. 배당 비율에 대해서도 구체적으로 이야기하고 있는데 노동, 자본, 재능의 공헌 기여도에 따라서 5:4:3의 비율로 배당을 해야 된다고 합니다.

또 누구나 '최저 수입제'를 통해서 기본적인 의식주를 보장해야 된다는 주장을 하고 있죠. 그래서 노동자는 동시에 고용주이자 피고용인의 성격을 갖게 되는 것이죠. 생산자와 생산수단이 분리되지 않은 곳이고, 적어도 이론적인 측면에서 AI 시대의 실업과 노동의 대안이 될 수가 있지 않을까? 저는 그렇게 보고 있습니다.

그럼 이제 마르쿠제의 경우를 볼까요? 마르쿠제의 핵심 주장은 '노동과 놀이의 일치'라고 하는 것입니다. 기존의 억압적인 노동에서 새롭고 '즐거운 노동'으로 바뀌어야 한다는 기본 아이디어에서 만들어낸 표제어죠. 이를 실현하기 위해서는 무엇이 전제가 되어야 하는가? 여기서 우리가 주목해야 할 것이 있습

헤르베르트 마르쿠제

니다. 그것이 무엇이냐 하면 마르쿠제가 과학기술과 기계가 인간을

억압하는 수단으로 사용되기도 하지만, 그와 반대로 그것이 인간에게 주는 긍정적인 측면, 좀 어려운 말로 하면 '인간해방의 계기성'을 매우 강조하죠. 마르쿠제는 그의 『해방론』에서 과학기술과 그것의 구현인 기계가 "자원의 보다 합리적이고 적절한 사용, 파괴적인 분쟁의 최소화, 그리고 자유 영역의 확대"를 가져올 것이라 선언합니다.

생각해 보세요. 마르쿠제는 지금의 AI를 보고 얼마나 감탄할까요? 자신의 생각이 정말 AI 노동에 의해 실현될 것이라고 열광할 것입니다. AI 노동을 통한 노동의 고단함과 고통으로부터 인류가 해방되고 풍요와 자유를 누릴 것이라고 생각할 것입니다. 적어도 '노동과 놀이의 일치' 테제를 내세우고 그러한 세상을 꿈꾸는 문맥에서는 말이죠.

다음으로 마르쿠제가 즐거운 노동의 조건으로 보는 것이 '위대한 거부'입니다. 그는 문명과 사회가 인간에게 가하는 과잉억압을 멈추고 그 과잉억압에 대해서 인간 스스로 위대한 거부를 해야 된다고 생각했죠. 또 인간의 거짓 욕구, 자발적 욕구가 아닌 외부에서 만들어진 욕구를 버리고 인간 욕구의 혁명이 필요하다고 본 겁니다. 이런 강조는 실제로는 프로이트(Sigmund Freud)의 영향을 받은 경우이죠. 그래서 그가 이야기하고 싶어 하는 것은 노동과 놀이의 일치는 '새로운 감수성'이 필요한 것이고, 따라서 '새로운 주체의 탄생'을 강조하고 있습니다. 이럴 때 놀이와 노동의 일치가 가능할 것이라고 보는데, 산업시대 인간이 해야 할 새로운 노동을 위한 투쟁, 그것은 바로 삶을 위한 투쟁이고 거기에서 삶이란 놀이와 노동이 일치하는 사회이죠.

제가 봤을 때는 찰스 푸리에(Charles Fourier)와 마르쿠제의 주장을 '대책 없는 낭만주의', 또 비과학적이고 '공상적 사회공학'이라고 치부하죠. 사실은 마르크스가 푸리에를 비과학적 공상주의라고 비판을 해왔는데요, 오늘날도 그런 관점에서 비판할 사람들이 많이 있지요. 실현 가능성의 측면에서 충분히 그렇게 비판할 수 있는 것입니다. 그런데 다른 한편으로는 반드시 그렇게 치부될 수는 없는 측면이 있지요. 왜냐하면 마르쿠제의 관점과 주장은 새로운 사회가 추구해야 할 규범적 방향을 명확하게 제시하고 있다고 긍정적으로 평가할 수도 있기 때문이죠.

푸리에나 마르쿠제의 노동에 대한 철학이 초기 산업혁명과 산업사회를 배경으로 했다는 것이 참 놀라운데요. 이들의 이상적인 생각, 과연 4차 산업혁명 시대에도 노동 정책에 반영될 수 있는 여지가 있는지 한번 말씀해주시죠.

조금 전에도 말씀드렸지만 일단 여지는 있다고 보고요, 교수님 질문과 관련해서 우리가 주목해야 될 게 있습니다. 독일 정부에 경제에너지부가 있는데, 여기에서 〈Industry 4.0〉을 추진하지 않았습니까? 그런데 같은 정부 내의 노동사회부에서는 2016년에, 〈Arbeit 4.0〉이라고 하는 정책을 발표합니다. 이게 우리가 주목해야 되는 프로세스인데, 시민과 전문가들

Arbeit 4.0 관련 연구보고서

이 참여해서 대략 175회의 집중 토론을 하는 것입니다. 공청회 성격과는 조금 다르죠. 토론회를 통해서 전문연구기관을 동원해서 연구물인 〈노동 4.0의 가치체계〉라는 백서를 발간하게 됩니다.
이 제목을 주목할 필요가 있죠. 살펴볼 중요한 내용은 인공지능 시대에 노동정책의 지향이 바로 좋은 노동이 되어야 된다는 것입니

Industrie 4.0과 Arbeit 4.0이 상호 대응하는 개념으로 제시되고 있음을 설명하는 개념도

〈Wikerdervermittler.com〉

다. 구체적으로 노동 시간은 주도적으로 노동자가 결정을 해야 되고, 그것을 통해서 삶을 디자인해야 된다. 노동정책은 민간, 정부, 기업이 공동으로 결정하고, 서로 간의 파트너십이 중요하다고 하는 정책방향이 바로 그렇습니다.

노동조건은 어떻게 변화해야 되는가? 산업안전 4.0 정책을 만들어서 산업안전을 강조하고 있고요. 또 사회안전망, 기존의 실업자에 대한 실업보험 중심의 세계에서 고용보험으로 전환해야 된다는 주장을 하고 있습니다. Arbeit 4.0을 한마디로 이야기하면 사회적 대화에 기초한 개인의 실존적 삶을 강조하고 있는 것이고 그러한 노동사회로 진입해야 된다는 것이 그 정책의 근본 목표라고 할 수 있겠습니다.

독일의 경우 현재 최근 몇 년간 총 실업률이 8% 이하입니다. 청년 실업률이 6% 내외이죠. 독일은 노동자 복지의 천국이라고 할 수 있는데, 그런 독일이 4차 산업의 구조적 실업에 대한 대비를 노동정

책을 위한 철학에 기초해서 방향을 잡고 있다는 것이 아주 놀랍고
또 우리 사회에 시사하는 바가 매우 크다고 볼 수 있죠.

🤖 **4차 산업혁명 시대는 결국 불가피하게 교육 수준, 구직활동, 혹은 의지와 상관없이 산업구조에 따라서 '구조적인 실업'이 발생할 것으로 예상이 되는데, 사회경제적인 대안은 어떤 것이 있을까요?**

💬 사실 가장 중요한 문제죠, 그 문제가. 제가 살펴본 경제학자, 사회학자, 또 사회정책입안자들, 그리고 저희 같은 철학을 하는 사람들의 대책안은 사실 그리 뾰족한 방법이 없습니다.

이들의 주장은 간단합니다. 노동 없는 미래사회에서 새로운 사회안전망 구축이 불가피하다는 것이죠. 아시다시피 기존의 사회복지, 각종 사회보장 서비스는 직접고용에 따른 노동소득에 대한 세금을 기반으로 했죠. 플랫폼 노동형식의 확대와 AI 노동의 전면화는 고용구조와 실태를 완전히 바꾸는 수준까지 가고 노동경제학자들이나 산업계에서 예측하듯 절대적 일자리 부족, 누구나 언제든 실업상태에 빠질 수 있는 위험에 노출되죠.

그렇다면 이 문제를 어떻게 부분적이나마 해결할 것인가? 많이 이야기되는 방안이 공유된 부의 배당성격을 갖고 있는 기본소득제죠. 구체적으로 제안하는 내용이 최소생계비＋인간존엄을 유지할 수 있는 일반비용 해서 대체적으로 경상 국내총생산(GDP: Gross domestic product)의 25%를 기본소득으로 지출해야 된다는 이야기를 하고 있습니다. 국내의 기본소득 중요 논자 중의 한 사람인 강남훈 교수는 2012년 기준, 높은 기본소득 모델로 550만원, 낮은 기본소득 모델로 300만원 지급 안을 제시한 바 있습니다. 기본소득이 누구나 실업자가 될 수 있는 AI 노동사회의 예방책이자 장기실업과 노동기

회 배제 상태의 사람들에게 기본생활권 보장과 인간존엄 가치를 유지하는 데 기여할 것이라는 점은 의문의 여지가 없습니다. 그러나 기본소득 자체가 '만병통치약'이 아니라는 사실도 기억할 필요가 있겠죠.

교수님, 교육적인 측면에서도 생각을 할 수 있을듯한데요?

제가 볼 때 교육의 측면에서 재교육, 재취업 훈련은 지금보다 더 촘촘하고 체계적이며 예방적 차원에서 강화되어야 합니다. 이것이 소위 말하는 경제발전과 구조의 변화로 인한 노동시장의 변화에서 유래하는 구조적 실업에 대처하는 방법이죠.

이와 함께 평생교육도 새롭게 재구성해 추진해야 합니다. 지식사회에서 평생교육이 매우 중요한 과제로 대두되었는데 지식사회에서의 평생교육과 AI 시대, AI 노동사회에서의 평생교육은 당연히 다르게 접근, 설계, 추진되어야 합니다.

지식사회에서 지식격차와 지식폭발의 적응 차원의 평생학습과 달리 AI 노동사회에서 평생교육은 창의력, 사회적 소양 등을 향상하는 데 초점을 맞추어야 된다는 얘기입니다. 일반 학교교육과 재교육, 평생교육을 공감, 소통기술에 맞춰서 교육을 시켜야 한다는 얘기를 하고 있습니다. 그런 직업영역이 확장되어야 된다는 것이죠.

그러면, 생각하시는 대책이 있나요?

누구나 생각할 수 있듯이 국제적인 차원으로 고려되어야 하고요. 또 국민경제적 차원 대책이 동시에 입체적으로 진행이 되어야 할 것 같습니다. 새로 생기는 일자리 예측이나 없어지는 일자리에 대한 예측치의 차이들을 우리가 보지 않았습니까? 예측치의 상이성, 또 대책들이 뾰족하지 않은 이유가 저는 있다고 봐요. 결국 그 이유가 뭐냐? 뾰족한 수가 없는, 인류가 가보지 않은 길이라는 거죠, 4차 산업은. 또 예측이 불가능한 만큼 기술발전 속도가 너무 빠르기 때문이기도 하고요.

그래서 제가 볼 때는 인공지능 발전에 대한 국제적인 관리, 공조가 우선적으로 선행되어야 되고 이런 것들이 OECD 등 국제경제기구 간의 연계 대응이 매우 중요하다고 봅니다. 또 시민적 차원에서의 세계적 네트워크에 의한 거버넌스와 감시도 아주 중요하다고 생각하고요. 더 중요한 것은 규범적인 차원에서 필요 이상의 공포를 야기하는 비과학적인 예측, 이것들이 절제가 되어야 된다고 저는 생각합니다. 미래학자들의 미래예측에 대한 진단의 정확성은 사실 늘 과장되어 있죠. 인터넷 문화 확산 이전의 그 문화에 대한 미래예측, 또 환경위기를 둘러싼 공포 시나리오, 비과학적 예측이 많이 드러났고, 그 대표적인 사례들이 있죠.

위에서 소개한 대책들을 자세히 보면 결국 그 중심에 무엇이 있다? '인간'이 있습니다. AI와 인간이 추구하는 가치, AI 시대에 노동문제가 어떻게 전개될지, 바로 인간 스스로 결정하게 될 것이라는 것이죠.

PART 13

AI 시대의
새로운 **사회경제적 문제들**

1 AI 시대의 사회경제적 쟁점으로서 불평등 문제

사회 시스템의 변화,
사회작동 메커니즘의 변화는
많은 것들을 변화시킨다.
호들갑 잘 떠는 자들은 과거에도 있었고
지금도 있다. 호들갑 떠는 자들 중에
변화에 가장 잘 적응하고 수혜를 받을 자들이
늘 속해 있다. 그런데 다른 얼간이들도 있다.
인터넷 시대가 되면서 세상은
완전히 바뀔 것으로 소리쳤던 자들,
근거 없는 예언가 노릇을 하는 지식인들이 넘쳐났었다.
지식사회 담론 시기도 똑같은 현상이 재현됐다.
코로나 시대를 통과하는 지금, 포스트 코로나 시대는
완전히 다른 사회일 것이라고 호들갑 떠는 얼간이들이
여기저기 배회한다. 이들은 공통점은
사회변동 속의 변하지 않는 것을 보려 하지 않는다.
단지 옷만 갈아 입을 뿐, 속은 그대로인 것을 간과한다.
왔으면서 아직도 오고 있는 AI 시대에도
변하는 것과 변하지 않는 것이 있다.
차가운 눈으로 이것을 관찰하는 사람이 지적으로
성실한 사람이고 진실을 알고 싶어 하는 사람이다.
여행 13일째, 우리는 AI 이전 사회의 변형된 사회경제적 문제와
새로이 등장할 수 있는 문제들을 둘러보는 시간을 가져보자.
언제나 '지금과 다른 가능성, 다른 세계에 대한 동경'의 마음이
오늘 여행에서 필요할지도 모르겠다.

1.
AI 시대의 사회경제적 쟁점으로서 불평등 문제

교수님, AI 시대의 사회경제적 쟁점 중에서 오늘은 사회불평등 문제에 대해 이야기를 듣고 싶은데요. 사실 산업사회에서나 지금과 같은 약한 인공지능 시대에서나 사회불평등은 있기 마련인 것 같습니다. 넓게 보면 인간 사회가 출현한 다음부터요. 우리가 현실에서도 감각적으로 느끼고 있고 국내만이 아니라 세계적 차원에서도 불평등이 개선되기보다 심화된다고 하는 것 같은데… 어느 정도인가요?

네. 나라를 떠나, 모든 국가에서 계급의 고착화를 넘어 '영구화'까지 이야기할 수 있는 수준이라고 해도 과장이 아닐 겁니다. 팬데믹 이후 경제적 불평등이 더 강화됐다는 보도들도 많이 들어오지 않았습니까?
세계경제포럼에서 발간한 〈2017 글로벌 리스크 보고서〉에 따르면 향후 10년간 경제적 불평등, 사회적 양극화의 심화가 위협적일 것으로 예측했습니다. 2020년 기준 미국 상위 1% 가구는 미국 전체 부의 31.2%를 소유한다고 보고, 이것은 2010년 기준 28.6%보다 불평등이 심화되었음을 보여줍니다. 2020년 기준 미국 전체 가구가 보유한 주식 중 상위 1% 가구가 전체의 56%를 보유하고 있습니다.

🤖 '월가를 점령하라' 시위가 불현듯 생각나네요.

🤖 그렇죠. 2011년 9월 17일 뉴욕 한복판에서 '월가를 점령하라' 시위를 했었죠. 그 시위가 82개국 900여 개 도시에서도 일어났었죠. 국내 도시들에서도 있었고요. 2022년은 11년이 되는 해인데 과연 개선이 되었나요? 앞의 통계 자료가 보여주듯이 개선이 아니라 오히려 심화되었죠. 안타까운 것이 아니라 '비극적'이라고 표현할 정도입니다.

🤖 네, 정말 심각한 것 같습니다. 팬데믹 상황에서 빈부격차도 더 심화됐다고 하고요. 그러면 AI 시대가 발전하면 할수록 더 그럴 수 있다는 생각도 할 수 있을 듯합니다. 그럼 교수님이 보시기에 4차 산업혁명에서 사회경제적 불평등의 원인이 될만한 것은 무엇이 있겠습니까?

🤖 산업사회나 정보사회에서 근본적인 불평등의 원인 중 차이가 없는 부분이 바로 일자리 문제입니다. AI 시대의 노동문제를 다루면서

'월가를 점령하라' 시위를 벌이고 있는 시위대 모습

〈Literary Hub〉

말한 바와 같이 생기는 일자리보다 사라지는 일자리가 많아지는 게 현실이고, 그렇게 될 것이기 때문에 일자리와 소득관계는 결국 경제적 불평등을 야기하는 핵심 원인이라고 이야기할 수 있겠죠. 기존의 고용 없는 성장 시대와 비교 자체가 의미 없는 대량 실업, 노동기회, 노동접근의 원초적 결핍이 예상되는 상황이니 말이죠.

물질 노동에서 비물질 노동으로의 전환 시대, 노동 영역의 디지털화가 이루어지던 초기의 일자리 감소와 새로운 일자리의 발생 수준만큼 '대체 일자리' 발생의 예측 신뢰성에 대한 의구심이 해소되지 않으니까요.

2020년까지 인공지능에 의해서 일자리가 500만 개가 넘는다고 예측하지 않았습니까?

그런데 일자리 문제는 결국 소득양극화와 직결된 문제라고 봐야죠. 지능정보기술 종사자들이 고부가가치를 창출하고 고수익이 보장된 소위 러블리 잡(lovely job)으로 대부분의 이익을 가져간다면 나머지 대부분의 사람들은 적은 파이를 나눠 갖는 것이죠. AI 노동시장의 승자독식 구조가 발생하겠죠. 많은 경제학자나 사회학자들이 그렇게 예상을 합니다. 실제로 사회문제에 관심이 있는 일반인들도 저런 문제는 충분히 예측할 수 있는 내용들이죠.

그렇다면 이런 문제가 세계적 차원에서도 문제가 될 것으로 보이는데요.

그렇죠. 제가 보기에 같은 차원에서 심각한 문제는 위와 같은 현상이 단지 일국의 문제가 아니라는 거예요. 세계 노동시장에서도 동일한 방식으로 나타날 수밖에 없다는 것이죠. 가령 자동화율이 낮은 국가와 단순제조업, 또 단순사무직이 많은 저개발국가에서 사라지는 일자리 수는 당연히 다르겠죠. 또 지금보다 더 큰 경제적 격차가 그로 인해서 발생할 것이고, 또 이런 관점에서 봤을 때 선진국과 그렇지 않은 국가 간의 경제적 의존 관계가 지금보다 오히려 더 강화될 것이라고 전망할 수 있습니다. 이로 인해서 국제적 갈등 조정비용도 지금보다 많아지겠죠.

😊 **인공지능 시대의 부의 양극화가 초래하게 될 사회적 결과는 무엇일까요?**

🤖 사회경제적 부는 인간 노동을 대체하는 AI의 노동생산성이 크면 클수록 그것은 소수에게 더욱더 집중되겠죠. 그리고 그 결과는 또 다른 AI 소유와 활용, 다시 또 다른 부의 축적으로 나타나겠죠. 결국 자본의 축적 방식, 돈이 돈을 버는 것과 같은 논리가 AI, 인공지능 시대에서도 나타날 것이고 좀 더 강화된 형태로 나타날 것이라는 거죠. 결과는 무엇이냐? 사회계급론적인 관점에서 봤을 때는 이 사회계급 구조, 이 사회적 위계질서(hierarchy)가 더 단단해질 것이다, 콘크리

피라미드식의 사회계급 체계

〈Study.com〉

트화될 것이다. 이렇게 전망할 수 있을 것 같습니다. AI를 소유한 계급과 그렇지 않은 계급, 적게 소유한 계급과 많이 소유한 계급 간의 격차의 크기는 산업사회에서의 기계 소유 여부에 비교할 수 없을 만큼 더 크게 나타나겠죠. 왜? AI의 생산성이 산업사회의 기계하고 비교할 수 없기 때문에 비교할 수 없을 만큼 큰 것이죠. 그래서 계급의 재생산이 산업사회보다 심화되는 것은 충분히 예상 가능한 것입니다. 따라서 계층 간 이동이 더 어려워지는 것이죠.

교수님 말씀을 들으니 인공지능 시대나 산업사회 시대에서의 경제적 불평등 혹은 부의 양극화, 그리고 그 결과로서 계급 질서는 결국 자본의 소유 여부에 있다는 말씀이신데요.

불평등구조의 연속성은 결국 자본에 있고, 자본의 논리를 반영할 수밖에 없습니다. 왜냐? 산업사회나 AI 시대나, 자본주의 체제에서 살고 있고 또 자본주의에서의 산업, 경제현상이라고 이야기할 수 있기 때문이죠. 산업사회에서 정보사회로 이행하는 과정에서도 같은 논리가 작동됐다는 것을 우리는 확인하고 있거든요.

또 이 문제와 관련해서 주목해야 하는 게 사회적 자본주의와 한국식 자본주의에서 AI를 매개로 한 불평등 문제에 나타나는 양상과 접근하는 방식, 해결하는 방법에 있어서도 다르게 나타날 수 있다는 것입니다.

왜 그러냐? 자본의 작동 방식이 다르기 때문인 것이죠.

인공지능 시대의 부의 양극화를 살펴봤는데요. 그러면 이게 나타날 수 밖에 없다면 치유하는 방법은 무엇이 있을까요?

쉽지 않은 질문인데, 이론적인 측면에서는 이야기할 수 있을 것 같습니다. 결국 사회합의주의에 기초해야 한다는 게 제 생각인데요. 양극화 해소를 위한 거버넌스가 필요한데, 이것은 사회합의에 의해서 작동할 수 있다고 봅니다.

그러면 사회합의주의라고 하는 게 무엇이냐? 간단하게 말씀드리면 국가와 이익집단 간의 상호조정을 통한 정책결정과 그것의 실행을 의미하는 것이죠. 최저임금이나 잡쉐어링을 한다고 하지 않습니까? 이와 관련된 노사정 합의가 대표적인 예가 될 수 있겠죠. 사회합의주의는 자본주의 체제 하에서 대의적 민주주의의 의사결정 모델이 갖고 있는 단점을 보완하는 또 다른 방식의 사회통합이고, 사회통합을 촉진하는 제도라고 볼 수 있습니다.

인공지능으로 인한 양극화를 해결하기 위한 현실적인 방안은 뭐가 있을까요?

제가 이런저런 자료들을 보고 나름대로 생각을 해봤는데, 실제로 여러 가지 방법이 있을 겁니다. 제가 생각한 것은 주4일 근무제를 통한 일자리 나누기, 또 AI 부자들, 더 많이 소유하고 그것을 부가가치화할 수 있는 사람들이 공익세를 내는 것도 생각해볼 수 있습니다. 일종의 부유세보다 좀 더 세련된 형식의 세라고 할 수 있겠죠. 그리고 이것보다 중요한 게 뭐냐면 AI 지능지수를 높이는 교육기회를 모든 시민들에게 제공해야 한다고 생각합니다. 왜 그러냐면 교육을 통한 계층이동 사다리를 만드는 게 중요한데 바로 교육기회를 제공하는 것이 그 핵심이라고 이야기할 수 있습니다.

원탁토론을 통한 사회합의주의

〈Royston-stjohn.org〉

그 다음으로 필요에 따라서 AI 시민공유제가 도입될 필요가 있습니다. 시민공유제라고 하는 개념은 어려운 개념이 아닙니다. 누구나 AI와 관련해서, 또 AI를 활용하고 소유하는 부분에 있어서 필요한 부분들을 국가 혹은 지자체가 개인에게 무료로 사용하고 활용할 수 있게 하는 것이죠. AI 복지라고도 할 수 있겠죠.

이런 것이 AI의 공공성을 높이는 방법이죠. 공공재로서의 AI를 생각해볼 필요가 있다는 것이죠. 사회적 자본의 확충을 통한 공동체적 가치, 또 사회연대를 실현하는 방식이 바로 인공지능의 공공성을 높이는 것이라고 이야기할 수 있고, 저는 이것을 AI 공유 민주주의라고 부르고 싶습니다.

사실 이와 같은 정책 아이디어들이 그럴싸하게 들리긴 하죠? 그런데 어떻게 준비할 것인가가 문제인 것이고, How to의 문제는 누가 할 수 있겠습니까? 국책연구소들이 지금부터 심각하게 이 문제에 대해서 연구를 시작해야 한다고 생각합니다. 아직 정책연구가 본격화되어 있지 않거든요. 문제는 사회적 컨센서스, 그리고 How to라고 요약할 수 있겠습니다.

교수님 이야기를 들으면서 공학자인 저는 AI 정책을 통해서 사회경제적 불평등을 해소하는 방법이 없을까 하는 그런 생각이 드는데요. AI 독점이나 소유로 인한 사회경제적 불평등이 강화될 수 있는 측면이 있는가 하면, 또 그 반대도 생각할 수 있지 않겠습니까? 교수님이 생각할 때 어떤 정책적 대안들이 있다고 보십니까?

먼저 생각할 수 있는 게 AI 연구인력을 양성하는 과정에서 소위 하위계층 시민들을 일정 부분 편입시키는 것입니다. 일종의 쿼터제라고 얘기할 수 있겠죠. 그다음에 AI 정책 결정 과정에서 사회적 약자들을 참여시키고, 단순히 참여시키는 것을 넘어서서 의결권을 주는 방식이 되어야 한다고 생각합니다. 우리가 사회적이고 환경적으로 중요한 과학기술 정책을 정할 때 소위 합의회의라고 하는 공개 포럼을 이용하기도 하는데요, 이 제도를 이 문제에 원용할 수 있다고 생각합니다.

아시다시피 합의회의라고 하는 것은 1987년도 덴마크에서 시작된 것으로 과학민주주의의 한 제도이죠. 줄기세포 연구나 핵폐기물, 이런 사회적 쟁점인 과학기술적 이슈들이 있지 않습니까? 그 사안이 있을 때마다 시민들의 의견을 반영하는 제도였죠. 시민참여 모델입니다. 그래서 제 생각에는 일반 시민 중에서 다수의 사회적 약자 분들을 선발해서 의견을 듣고 정책에 반영하는 것, 이 방향으로 가야 하지 않을까 생각합니다.

🤖 아주 좋은 생각이십니다. 먼저 해당 이슈들에 대한 사전 인지가 확실해야 되겠군요.

💬 그렇죠. 지금 합의회의에서의 문제가 되는 것도 그 부분인데요. 그래서 사전에 관련 이슈에 대한 교육이 필요하고 충분한 정보의 이해가 필요하다고 생각합니다.

🤖 **다른 방안은 또 없을까요?**

💬 아주 좋은 아이디어를 얻을 수 있는 Science Shop 이라는 제도가 있습니다. 우리말로 과학상점이라고 하는데, 네덜란드에서 1974년도부터 시작된 것

국제 과학 상점 네트워크 로고
(livingknoweldge.org)

으로 한국에서도 부분적으로 민간 차원에서 이런 과학상점이 운영되고 있죠.

저는 이것을 새롭게 확대 발전시킬 필요가 있다고 봅니다. 네덜란드 과학상점의 특징은 지역이나 개인들의 과학적 해결이 필요한 문제들에 대해서 서비스를 제공하는 것이죠. 또 문제해결에 직접 관여하고 해결해주는 그런 비영리 단체죠. 우리나라 실정상 그와 같은 비영리단체를 운영한다는 것, 또 그것을 위해서 과학자, 기술자들이 직접 자발적인 봉사를 한다는 게 현실적으로 어렵죠.

그래서 그 문제를 해결하기 위해서는 국가나 지방정부의 재정적인 기여가 반드시 필요하다고 보는 겁니다. AI와 관련된 사회적 약자와 낙후 지역의 문제를 직접 해결해주는 것을 저는 '인공지능 공용상점(AI public shop)'이라고 명명하고 싶은데 이런 것을 설치·운영하

는 게 좋지 않을까 생각합니다. 좀 더 확실한 정책적 효과를 얻기 위해서는 동사무소를 거점으로 인공지능 공용센터(AI public center)를 운영하는 것도 꽤 좋을 것 같습니다.

또 한 가지 생각해볼 것은 인공지능을 활용해서 빈민층의 소득을 증가시킬 수 있는 R&D 정책을 추진할 필요가 있다고 봅니다. 관련 인공지능을 개발해서 보급하는 것이죠. AI를 사용해서 일반 시민이나 사회적 약자가 소득을 증가시킬 수 있는 것을 말이죠.

AI의 소유와 활용으로 야기되는 소득격차로 인한 경제적 불평등을 해결하는 데 교수님이 지금까지 말씀한 것은 예방적 차원이 많은 것 같습니다. 혹시 사후적인 대책은 없을까요?

당연히 생각해야죠. 노동소득이 발생하면 세금이 붙지 않습니까? 세금은 잘 활용하면 부의 재분배 효과를 가져오잖아요. 조세제도를 통한 불평등을 해결하는 방안으로 '로봇세'를 도입할 수 있을 겁니다. AI 로봇을 사용해 부를 형성했으면 형성한 만큼 조세부담을 지는 것이 조세정의에 맞는 것이니까요.

거꾸로 제가 박 교수님께 여쭤볼까요? 사실 제가 말씀드린 제도나 정책들이 아이디어 차원에서는 좋아 보이는데, 현실적으로 한국에서 채택될 수 있을 것이라고 보십니까?

저도 약간의 의문이 듭니다. 우리나라는 특수성을 많이 가지고 있는 사회라 쉽지 않을 것 같아 보이는데요.

🤖 **왜 쉽지 않다고 보십니까? 교수님의 입장에서, 또 과학자의 입장에서.**

💬 아무래도 과학기술정책, 그리고 전문기술인력의 의식의 전환이 무엇보다 필요할 것 같습니다. 왜냐하면 정책의 실효성이라는 것은 그 정책에 실제로 참여하고 있는 이해당사자의 입장이 굉장히 중요한데요. 우리 한국의 경우는 정권에 따라서 과학기술정책이 자주 바뀌고 또 다른 나라에 비해서 과학에 대한 정치적 영향력이 굉장히 크다는 면이 있습니다. 제가 생각할 때는 이 점에 대한 개선이 먼저 전제되어야 한다고 봅니다.

🤖 **중요한 지적을 해주셨고, 실제로 교수님 말씀에 저도 공감을 많이 하는 바입니다.**

💬 또 한 가지 중요한 것은 시민적 차원에서 AI 정책에 대한 이해가 필요하고, 또 비판적 감시가 매우 중요하다고 생각합니다. AI 정책이 단순히 과학기술정책의 성격만을 띠어서는 안 되겠죠. 그것이 사회정책, 복지정책, 심지어 문화정책이라고 하는 차원에서 접근해야 하고, 또 시민적 차원에서 그 문제에 대한 성찰이 필요하다고 봅니다. 새로운 불평등을 야기할 수 있는 게 바로 AI이고, 동시에 사회적 약자를 더 파생시킬 수 있죠.

그 문제를 공동으로 풀어나가야 하는데, 그것이 바로 사회적 차원의 시민들의 자기학습과정이라고 할 수 있고, 이런 자기학습과정이 필요하다고 봅니다. 그런 과정을 통해서 신뢰와 연대, 사회 자본을 축적할 수 있는 좋은 경험이 될 수 있지 않을까 합니다. 그것이 바로 우리가 이상적으로 꿈꾸고 있는 인간적인 사회, 이성적인 사회로 나아가는 과정의 첫 시작이 아닐까 생각합니다.

교수님, 사회적 공동학습을 통해서 사회적 성숙이 바로 경제적 불평등을 푸는 기본적인 원리가 될 것이다. 이렇게 말씀해 주셨는데요. 공감하는 바가 큽니다. 이 문제는 AI와 함께 살아가기 문제의 단서가 될 수 있겠다는 생각이 듭니다.

그렇다면 그 문제, 즉 AI와 인간의 공존 문제와 해법에 대해서 다음에서 좀 더 자세하게 논의해보도록 하시죠.

PART 14

누구나 아는 정답,
AI와 인간의 공존, '**어떻게**'

자연의 세계나
인간의 세계를
자세히 관찰해보면
흥미로운 사실이 발견된다.
압도적인 힘의 차이나 권력의 차이가
존재한다면 그 관계는 무언의 질서와
침묵의 평화가 지배한다. 이유는 간단하다.
관계의 질서가 너무나 명확하기 때문이다.
그런데 힘이 엇비슷해 서열을 정하려면
큰 싸움이 있을 수 있다는 것을 의식하는 관계에서는
'공존'의 문제가 자연스럽게 떠오른다.
그러한 선택이 자기유지와 보존에
더 이롭다는 판단이 개입되기 때문이다.
그렇다면 인간과 AI의 관계는 어떨까?
특이점 이전의 낮은 인공지능 시대에 인간과 AI의 관계는 명확하다.
인간에 의한 완전한 관리가 가능하기 때문에 관계가 문제시되지 않는다.
오히려 AI들 둘러싼 인간과 인간의 관계가 더 문제시된다.
그런데 특이점 이후의 강한 인공지능시대에 인간과
AI는 '공존'의 문제가 중요한 화두가 된다.
인간의 능력을 압도하는 AI의 등장,
인간의 역할을 대체하는 강한 인공지능의 득세는
인간의 위기일 수도 있고 인류의 해방일 수도 있다.
다가올 특이점은 두 계기성이 내재해 있다.
그래서 우리는 인간과 AI의 공존의 미래를 미리 생각해봐야 한다.
AI와 떠나는 미래로의 여행은 결국 공존의 문제이다.
AI와 인간의 공존이 인간의 미래를 결정하는 시간이 다가오고 있다.

1.
미래를 보는 두 그림: 블랙 or 화이트 시나리오

교수님, 저희가 지금까지 14일에 걸쳐서 AI와 인간의 미래, 다양한 주제들로 여행을 해오고 있어요. 오늘은 아쉽게도 그 여행의 마지막 날로서 결국 저희들이 고민해야 할 것은 미래 AI와 인간이 어떻게 공존할 수 있는가? 또 공존해야 하는가? 그 방안들에 대해서 생각해봐야할 텐데요. 일단 그것과 관련해서 먼저 인공지능 시대에 대한 긍정적인 전망들과 상당히 어두운 전망들이 있는데, 먼저 교수님께서 화이트 시나리오에 대해서 말씀을 해주시기 바랍니다.

이해를 돕기 위해서 영화의 예를 많이 들었는데요. 그중에 〈트랜센던스〉라는 영화에서 천재 과학자가 슈퍼컴퓨터에 정신을 업로드하는 예를 볼 수 있었습니다.

영화 중간에는 '상당히 초월적인 존재가 인간을 파멸시키는 것이 아닌가?'하는 그런 우려 때문에 인공지능을 파괴하는 혹은 없애는 단계로까지 가는데요. 끝에는 부인이 꿈꿨던 그런 세계 환경문제를 해결하는 것으로 비춰져서 상당히 좋은 결말이었고, 인공지능이 인간을 돕는 역할로 끝나는 그런 영화였습니다. 그래서 좀 해피한, 화이트 시나리오로 잡아봤습니다.

이 시나리오를 지지하는 인물들로는 철학자들 중에 닉 보스트롬(Nick Bostrom), 데이비드 피어스(David Pierce), 모어(Max More), 버로우(Borough) 그리고 AI 기술을 주도하고 있는 회사의 CEO들, 마크 저커버그(Mark Elliot Zuckerberg) 그리고 제프 베조스(Jeff Bezos) 등과 같

닉 보스트롬(좌), 데이비드 피어스(중), 모어(우)

은 인물들이 있습니다. 그 이면에는 많은 장애자들, 불치병을 갖고 있는 환자들이 트랜스휴먼에 대해서 굉장히 희망을 가지고 지지하고 있는 것으로 볼 수 있습니다.

그러면 화이트 시나리오와 달리 블랙 시나리오는 어떤 사람들에 의해서 어떤 내용들을 담고 있는지 말씀을 해주시죠.

〈엑스마키나(X-Machina)〉라는 영화가 있습니다. 영화에서 보면 인공지능에 해당하는 휴머노이드 로봇이 계속 트레이닝을 받고 있습니다. 인공지능이 과연 인간과 공존할 수 있는지 보려고 계속 트레이닝을 받다가 결국에는 자기의 창조자라고 할 수 있는 검색엔진을 만드는 CEO를 죽이고 사회로 나오는, 살인을 저지르는 인공지능의 예를 보여주는 것으로 결말이 났습니다.

대표적인 블랙 시나리오의 지지자로는 스티브 호킹(Stephen Hawking), 마이크로소프트의 전 경영자였던 빌 게이츠(Bill Gates), 그리고 전기차 회사인 테슬라의 CEO인 일론 머스크(Elon Musk)도 블랙 시나리오에 지지를 보내는 사람들이라고 할 수 있습니다.

스티븐 호킹(좌), 빌 게이츠(중), 일론 머스크(우)

교수님, 앞에서 화이트 시나리오 그리고 블랙 시나리오의 극명한 차이점에 대해서 살펴보았습니다. 그런데 자세히 살펴보면 인공지능 시대에 대해서 극단적으로 지지를 보내든지 아니면 우려를 하는 모습을 볼 수 있는데요. 공통점은 없을까요?

공통점이요? 언뜻 보면 공통점이 전혀 없어 보이죠. 그런데 양자의 생각의 이면은 결국 무엇이냐? '기술결정론'적 생각이 그 배경에 깔려 있다고 볼 수 있습니다. 인공지능이 유토피아를 건설할 것이냐, 아니면 디스토피아를 만들 것이냐? 그것의 결정원인을 과학기술로 보는 것이죠. 그런 의미에서 기술결정론자들이라고 얘기할 수 있습니다.

또 흥미로운 것은 블랙 시나리오를 말하는 사람들 중에서 스티븐 호킹이나 빌 게이츠 이런 인물들은 약간의 러다이트적 생각을 갖고 있는 것처럼 보여요.

러다이트, 그것이 무엇입니까?

'러다이트(Luddite)'는 일종의 운동 형태를 띠는데요, 1811년에서 1817년 사이에 영국에서 일어났던 기계 파괴 운동을 말합니다.

이런 운동이 어떻게 발생했느냐? 방직기가 새로 도입되면서 노동자들의 일자리가 많이 없어지게 되죠. 특히 그중에서도 숙련공 일자리가 상당히 줄어들게 됩니다. 그래서 숙련공을 중심으로 해서 기계 파괴 운동이 벌어지죠. 그 당시 가공의 인물이 바로 네드 러드(Ned Ludd)라고 하는 인물인데 그 인물의 이름을 따서 '러다이트 운동'이라고 이야기합니다.

어떤 학자들은 이 블랙 시나리오를 말하는 사람들을 '네오─러다이트(Neo-Luddite)'라고 부르는데, 제가 볼 때는 지나치게 강한 의미 부여, 딱지 붙이기라고 보고요. 강한 반대를 위한 과장된 수사학적인 표현이라고 봅니다. 왜냐하면 이들은 반기술주의자라고

공장의 기계를 파괴하는 러다이트들의 모습을 모사한 장면

〈Mary Evans Picture Library〉

볼 수 없기 때문이죠. 인간 복제를 반대한다고 해서 복제 기술의 다른 유용성을 부정하지 않는 사람들도 많이 있는 것과 마찬가지의 얘기입니다.

양 진영을 기술결정론자로 보셨는데요. 이들의 문제점은 무엇인가요?

기술결정론자들의 문제는 말 그대로 과학과 관련된 인간 행위의 자율성, 또 사용자로서의 인간의 관리 능력과 책임성에 대해서 간과하고 있다는 것이죠. 한마디로 말하면 과학기술의 내적 논리가 그 자율성을 확보하게 되고, 자기 법칙적으로 움직이기 때문에 인간이 더 이상 과학기술에 개입할 수 없다는 게 바로 그들의 입장입니다. 아래 그림은 기술결정론을 잘 보여주는 알파스피릿의 사진작품입니다. 그런데 한번 생각해볼 필요가 있습니다. 인공지능을 개발해야 한다거나 만들어야 한다는 것은 사회적 욕구이기도 하고, 국가적 요구이기도 하고 또 개인의 요구일 수도 있죠. 그리고 어떻게 인공지능을 사용할 것인가? 특정 사회나 집단, 개인에 의해서 결정되는 것이지 않겠습니까? 기술결정론자들은 이러한 점들을 간과하고 있는

기술결정론

⟨alphaspirit/dollar photo club⟩

것이죠. 이와 같이 과학기술을 보는 사람을 우리는 흔히 사회구성론자 혹은 사회결정론자라고도 부르고 있죠.

교수님 말씀을 들으니 기술 자체가 문제가 있는 것이 아니라 인간이 문제라는 생각이 강하게 드는데요. 맞습니까?

그렇죠, 인간이 문제죠. 교수님 같은 분들은 이를 테면 기술중립주의자라고 부를 수 있습니다.

가령 이런 얘기죠. 핵분열을 이용한 기술들이 많이 있지 않습니까? 핵분열을 통해서 원자력, 전기를 생산하죠. 그런데 그 핵분열을 통해서 핵무기를 만들기도 하죠. 그래서 인공지능의 과학기술이 디스토피아를 만들 것인가, 아니면 유토피아를 만들 것인가가 인간한테 달려 있다는 것이죠. 이게 바로 기술중립주의자들의 입장입니다.

2.
인간과 AI 공존을 위한 구상들과 새로운 제언

🤖 **교수님의 말씀을 들으니 인공지능과 인간의 공존 문제로 자연스럽게 연결이 되네요. 이 문제에 대해서 한번 말씀해주시죠.**

💬 인공지능과 인간의 공존을 위해서는 무엇보다도 인공지능에 대한 인간의 통제권이 확실하게 보장이 되어야 하겠죠. 기술적인 안정성과 관리체계가 확실해야 합니다. 그러기 위해서는 무엇보다도 인공지능 연구자와 개발자의 윤리와 책임의식이 선행되어야 할 문제입니다.

이런 문제의식을 갖고 있었기 때문에 2016년도 12월에 국제전기전자기술자협회에서 〈윤리적으로 조율된 설계안〉을 발표했죠. 이것은 인공지능의 연구와 개발, 또 유통과 사용에서의 투명성, 책임성, 안정성만이 아니라 고용의 문제, 개인정보보호까지 망라한 일종의 윤리 선언이라고 얘기할 수 있습니다.

미국의 생명의 미래재단에서는 2017년도에 〈아실로마 인공지능 원칙(Asilomar AI Principles)〉이라는 것을 발표했는데요. 산학연 관계자들 2,000여 명이 이 원칙에 서명을 했습니다. 여기서 우리가 눈여겨봐야 할 것이 있는데요, 그것은 이익의 공유라는 원칙을 강조하고 있다는 거예요. 또 그런가 하면 유럽연합은 '로봇법 프로젝트(RoboLaw Project)'의 결과물로 2017년도 2월에 〈로봇법 가이드라인(Guidelines on Regulating Robotics)〉을 발표했습니다.

한편, 2019년 4월에 유럽연합은 AI 관련 전문가 그룹을 통해 〈신뢰할 수 있는 AI 가이드라인〉을 제시했습니다. 주요 내용을 보면 투명성, 책임성, 안전성과 정확성, 다양성과 비차별성, 공정성, 인간의 주체성 보장, 환경적 행복과 사회적 행복, 사생활 보호와 데이터의 통제권 보장 등입니다. AI의 개발과 활용에서 개발자나 사업자, 사용자 그리고 관련 정책의 입안과 집행에서의 행동원칙이라 평가할 수 있습니다.

한발 더 나아가 2021년 4월에 유럽연합은 〈인공지능 법안(Artificial Intelligence Act)〉을 발표했죠. 이런 종류의 법안은 최초로 제정된 것이죠. 유럽연합 최고 전문가 그룹은 AI 개발과 활용이 인간에 미치는 다양한 위험을 크게 4가지, 최소 위험(minimal risk), 제한 위험(limited risk), 고위험(high risk), 최고 위험(unacceptable risk)으로 나눴습니다(아래 그림 참조). 유럽연합은 이들의 이론적 시각과 제안에 기초해 관련 법안을 제정했습니다.

그런가 하면 구글도 2018년에 〈인공지능 기술의 향후 사용 시 중요한 7대 원칙〉을 발표하는데 이 내용이 앞서 언급한 유럽연합의 가이드라인과 상당히 유사합니다. 가령 위험통제, 안전성, 책임성, 정보 사용의 윤리성과 투명성 등을 제시하고 있습니다. 흥미로운 것

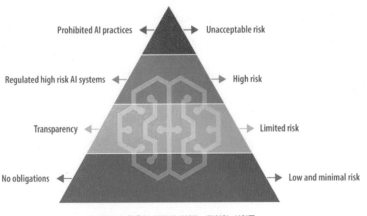

AI 개발과 활용이 인간에 미치는 다양한 위험들

〈European Committee〉

은 구글에서 제1원칙으로 '사회적으로 유익해야 한다'는 원칙을 내세웠다는 점입니다. 이것이 AI 관련 정책의 궁극적 목적과 맞닿아 있다는 점에서 주목되는 겁니다. 같은 의미가 유럽연합의 윤리 가이드라인에서는 '환경적 및 사회적 행복' 개념으로 표현된 것이라고 보면 됩니다.

🤖 **이와 관련한 국내 상황은 어떻습니까?**

💬 국내의 경우 2017년에 〈지능정보사회 윤리 가이드라인〉이 제시되었습니다. 2019년 11월에는 방송통신위원회와 정보통신정책연구원이 인공지능 시대의 바람직한 인공지능 개발 및 활용 방향을 제시하기 위해 〈국가 인공지능 윤리원칙〉을, 2020년 11월에는 과학기술정보통신부와 정보통신정책연구원이 〈국가 인공지능 윤리기준〉을 발표하였습니다. 최근에 그러니까 2021년 11월에는 과학기술정보통신부가 인공지능 개발자와 시스템 운영자에게 필요한 〈인공지능 개발 안내서(가이드북)〉를 만들어 현장에서 활용할 수 있게 만들었죠. 문제는 얼마만큼 실효성이 있는가, 또 현장에서 얼마만큼 잘 지켜질 수 있는가의 문제로 요약되겠죠. 그 차원에서 '강제성'을 부여하는 데 한계가 있을 수 있습니다. 제가 볼 때 결국 자율성과 강제성의 접점을 찾아야 하는 문제이죠. 개발자와 운영자의 태도만큼이나 정책당국의 관리감독의 중요성이 다시 한번 제기되어야겠죠.
한가지 더 말씀드리면 윤리지침들은 사실 일반 가이드라인 이외에 각 업종별 특성을 고려한 실무지침 수준으로 구체화되어야 합니다. 이런 점에서 최근의 국내 동향은 '옳은 방향'으로 가고 있다고 평가할 수 있습니다. 세부적으로 들여다보면 금융위원회는 2021년 7월에 〈금융 분야 AI 가이드라인〉을 발표했는데 주요 내용은 아래와 같습니다.

- AI 윤리원칙·AI 전담조직·위험관리 정책수립의 3중 내부 통제장치 마련
- AI 학습 데이터에 대한 조사·검증 강화, 개인신용정보 오·남용 방지
- 불합리한 소비자 차별 등이 없도록 시스템 위험관리 및 공정성 제고
- 소비자에 AI 서비스에 대한 충분한 설명 및 권리행사 보장

모든 산업 분야만이 아니라 우리의 안방을 비롯한 생활 전반에 인공지능이 활용되는 만큼, 업종별 차원만이 아니라 인공지능을 활용한 서비스 제공에 있어 각각의 특성과 활용 범위와 주요 활용 주체 등을 총체적으로 고려한 실무적 윤리 가이드라인이 만들어져서 실행되어야 합니다. 그럴 때 사회적 행복과 개인의 행복이 증진되는 AI와 함께하는 사회로 나아갈 수 있다고 봅니다.

현재 인공지능과 인간의 공존을 위한 인간의 노력은 앞에서 말씀해주셨던 것처럼 인공지능의 윤리와 윤리행동강령의 차원으로 보이는데요. 교수님, 인공지능과의 공존이 단지 가이드라인이나 윤리 헌장 제정과 같은 선언적 차원만으로도 해결이 될까요?

당연히 그것만으로 되지 않죠. 결국 무엇이 필요하냐? 강제력이 필요합니다. 제가 볼 때는 UN 및 세계경제포럼과 같은 공식적인 국제기구만이 아니라 국제적 NGO 단체, 또 세계적 기업인들이 참여하는 일종의 인공지능윤리위원회, 인공지능 국제법과 같은 것이 제정되어야 하고, 그것이 집행이 되어야 한다고 생각합니다. 현재 국

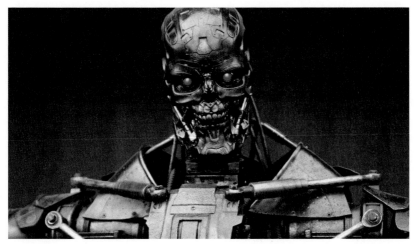

킬러 로봇

〈Getty Images〉

가생명윤리위원회가 각 나라마다 운영되고 있죠. 이렇듯 각국의 대
통령 산하에 인공지능윤리위원회가 설치되어야 하고, 실제적인 집
행력을 가져야 한다고 생각합니다.

이것만이 아니죠. 특수 집단과 기업에 의한 킬러 로봇(AI Killer Robot)
의 생산, 판매와 같은 위험을 선제적으로 예방해야 하지 않겠습니
까? 그러기 위해서 세계적 차원의 행정력과 경찰력을 가진 특수 조
직 역시 운영되어야 한다고 저는 생각하고 있습니다.

교수님, 여러 대안들을 많이 제시해 주셨는데요. 인공지능과의 공존을
위해서 정부 차원에서 해야 할 일은 무엇이라고 생각하십니까?

정부는 인공지능 문제를 단지 산업 측면에서 국가경쟁력 혹은 경제
및 과학기술 정책 차원에서만 접근해서는 안 되죠. 이것 이외에 보
다 중요한 것은 한국 시민의 4차 산업의 적응도를 높이는 게 필요

하고, 그렇게 하기 위해서는 교육, 문화, 예술, 사회통합, 법률 및 윤리적 차원 등과 같이 총체적인 차원에서, 입체적인 차원에서 정부가 이 문제에 접근해야 한다고 생각합니다.

특히 중앙정부하고 지방정부는 사회적 위험요인, 갈등원인의 관리체계를 시급하게 마련해야 하고 이게 매우 중요하다고 봅니다. 그래야만 현재의 리스크와 잠재적 리스크를 관리할 수 있기 때문이죠. 위험관리를 위한 국제적 네트워크의 리딩도 우리 정부에서 아주 중요한 역할이고요. 정부―지방정부―민관학―시민사회 차원의 통합적 리스크 관리체계가 발전되어야 합니다.

이런 차원에서 봤을 때 독일과 일본 그리고 미국을 벤치마킹할 필요가 있고요, 또 우리의 사정에 따라서 보완할 필요가 있겠죠, 공부를 해보면 위의 세 나라들이 단지 산업적 측면에서만 문제에 접근한 것이 아니라 이렇게 통합적인 차원에서 문제에 접근한다는 것을 확인할 수 있습니다.

여러 가지 통합적인 접근에 대해서 말씀해주셨습니다. 인공지능과의 공존을 위해서 교육적인 측면에서 어떤 부분이 필요하다고 생각하십니까?

저는 시민 교육적 차원에서 말씀을 드리고 싶은데요. 인공지능과의 인터랙티브한 작용을 위해서 적응 교육이 필요한데, 이것은 학교와 학교 밖에서 입체적으로 이루어져야 한다는 것이죠. 정규교과와 비정규교과, 또 진로교육과 평생교육 과정에서, 인공지능 생산자의 소비자 교육 차원에서 이렇게 통합적으로 이루어져야 한다고 봅니다. 왜 이와 같은 교육이 중요하냐면 인공지능 접근과 활용에서 개인들의 격차해소가 아주 필요하기 때문이죠. 특히 학교교육에서 인공지능을 활용한 교육 혁신이 필요합니다. 학교 시스템, 교육과정, 교수방법론, 또 학제 개편 등의 종합적인 변화의 시도를 통해서 인공지능과 함께 살아가는 방법을 학습시켜야 하는 것이죠.

장애인과 노인, 또 산간벽지 주민 등 지능정보지수를 국가적 차원에서 관리하고, 그 관리를 위한 사회교육 프로그램 역시 강화되어야 한다는 말씀을 드리고 싶어요.

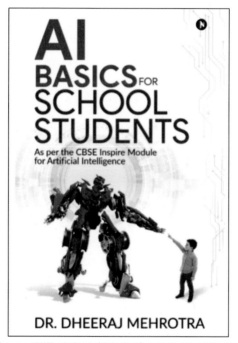

Mehrotra 박사가 2020년에 출간한 학생을 위한 AI 기초 교재의 표지

기술적 측면에서는 윤리적인 로봇 그리고 윤리 알고리즘을 가진 인공지능을 생각해볼 수 있는데요. 이러한 인공지능과의 공존에 있어서 중요한 해법은 무엇이라고 생각하십니까?

인공지능 윤리 헌장 제정 이상으로 중요한 것이 당연히 있죠. 기술적 측면이죠. 윤리적 알고리즘의 구현 수준을 지금보다 높여서 그 신뢰성과 안전성을 확보하는 것이 관건입니다. 이것은 공존을 위한 기본 전제가 되는 것이죠. 이것만큼 중요한 것은 없다고 볼 수 있겠죠.

인공지능을 생산하고 사용하는 것도 결국 인간이라고 앞에서 잠정결론을 내렸는데요, 이를 둘러싼 사회적 갈등이 생기지 않겠습니까? 이것은 인공지능과 인간의 공존을 방해하는 요소로 작동하지 않을까 싶은데요.

그렇죠. 충분히 예상이 가능한 생각들이죠. 저는 그와 같은 문제를 해결하는 여러 방법이 있을 텐데, 그중에서도 로봇세 도입을 생각해봤습니다. 이런 논의들은 일부 학자들에 의해서 현재 진행 중인데요. 제가 볼 때는 사회경제적인 측면만이 아니라 사회통합적인 측면에서 로봇세의 도입이 필요하고 그런 측면에서 접근해야 한다고 생각합니다. 이 로봇세는 단순한 증세 정책이 아니고 인공지능으로 인한 이익의 공유를 위한 것이죠.

또 그와 같은 이익의 공유를 통해서 사회통합 비용으로 전환되어 사용할 수 있는 것이고, 그것이 목적이 되어야 하는 것입니다. 인공지능의 생산과 소비를 둘러싼 이해당사자들 간의 이익갈등과 또 사회적 갈등비용의 재원으로 활용되어야 하는 것이죠. 결국 만인을 위한 인공지능의 실현을 위해서 공공 인프라 및 서비스 제공을 위해서 로봇세가 적극 활용되어야 한다는 생각입니다.

🤖 **인공지능 시대의 블랙 시나리오 중의 하나가 구조적 실업 그리고 과잉여가의 문제가 될 텐데요, 어떻게 해결해야 할까요?**

💬 아시다시피 인공지능 시대는 노동 기반 사회의 해체를 의미하는 것이죠. 인공지능과 노동문제를 다루면서 이야기를 했었는데, 결국 사회안전망 재구축이 새롭게 되어야 합니다. 그러려면 현재 가장 심각하게 논의되고 있는 이런 기본소득제도의 도입이 필요합니다. 그럼 기본소득(Basic Income)이 뭐냐? 인간 삶의 질을 보장하기 위해서, 인간의 존엄을 증진시키기 위해서 도입하는 제도이죠. 최소 생계비 이상으로 지원하는 것이 일반적인 차원에서 제기가 되고 있는 것이죠. 많은 경제학자 또 사회학자, 철학자들이 제안을 하고 있는데, 강한 인공지능 시대가 임박하면 임박할수록 이 논의가 좀 더 활발할 것이고요, 또 도입이 될 것으로 예측하고 있습니다.

사실 기본소득 문제와 함께 과잉여가를 연계해서 논의하는 경우를

〈RedRentaBasica 유튜브 동영상에서 캡처〉

저는 거의 찾아보지 못했어요. 그런데 제가 볼 때는 새로운 의미의 노동의 종말이 일어나면서 과잉여가 문제를 해결하는 방식 중의 하나가 기본소득제도가 될 수 있다고 보고 있습니다.

왜냐하면 여가의 물적 토대를 만들어주는 것이기 때문에 그렇죠.

교수님, 지금까지 말씀하신 것은 약한 인공지능 시대를 전제로 하신 것일 텐데요. 특이점이 도래한 이후 강한 인공지능 시대에는 공존의 문제가 그 차원을 완전히 달리 하지 않겠습니까?

그렇죠. 달리 하지 않을 수 없겠죠. 인류가 걱정하는 문제는 결국 공존의 위협과 그 공포감을 갖게 되는 것이 바로 그 시점 이후이기 때문에 그렇죠.

만약에 강한 인공지능 시대가 오면 인간은 약한 인공지능과의 단순 관계가 트랜스휴먼과 자연 인간, 또 인간과 강한 인공지능, 더 강한 인공지능과 약한 인공지능, 트랜스휴먼과 강한 인공지능과의 관계 등 관계 양상이 굉장히 복잡하게 변할 것입니다.

그럼에도 불구하고 역시 중요 키워드는 '평화로운 공존'이 되겠죠.

그럼 제가 박 교수님께 한번 여쭤볼게요. 교수님은 농업사회, 산업사회 또 정보사회에서 인간의 관계를 관리하고 조정하는 것이 무엇이었다고 생각하십니까?

지금까지는 윤리나 규범으로 관계를 조정했다고 생각이 됩니다.

그렇죠. 인간이 존재한 이래로 인간과의 관계 맺기를 조율하는 것이 도덕과 사회 규범입니다.

그런데 그것만으로 부족할 만큼 사회가 커지지 않았습니까? 거대 사회, 복잡한 사회가 됐죠. 그럴 때 바로 필요한 것이 법률이었던 것이죠. 법률이 보완적 기능을 수행하게 된 것인데, 이익에 기초한 공적 관계를 규정하는 관계원리가 바로 법률이었던 거죠.

그런데 인공지능이 등장하면서 인공지능 윤리가 생기듯이 강한 인공지능 시대, 또 트랜스휴먼이 등장하는 시대에도 도덕과 사회적 규범만이 있는 것이 아니라 위에서 언급한 복잡한 관계의 행위자에게 공적 구속력을 갖는 법률이 만들어지겠죠. 그것이 복잡 관계에서 공존을 유지하는 근본적인 열쇠가 될 것입니다. 예상 가능한 트랜스휴먼과 강한 인공지능과의 갈등과 전쟁을 예방하기 위한 법률들이 촘촘하게 만들어지지 않을까 생각합니다.

마지막으로 질문을 던지겠습니다. 우문인 듯하지만 궁금한 점이 있어서요. 미래의 인간은 행복할 수 있을까요?

'행복한가?'라는 질문은 가치에 대한 질문이죠. 가치에 대한 믿음을 묻는 존재는 지성을 가진 존재, 또 형이상학적 욕구를 가진 존재이죠. 인간의 지성이 개발되면 될수록 인간은 사실 가치의 문제에 더 매달립니다. 진정한 행복에 대한 질문을 던지는 것도 같은 차원이죠. 고도의 정신적 활동을 한다는 의미의 철학을 말하는 것이죠.

쇼펜하우어가 말하듯 인간에게 권태는 최고의 고통이 될 수도 있으며 그 고통이 인간을 자살로 이끌 수도 있다고 합니다. 인공지능이 발전하면 할수록 약간의 지성이 있는 사람들은 과잉여가에 빠지게 됩니다. 과잉인간의 자의식을 갖게 될 수도 있고 또 허무주의에 빠질 수도 있겠죠. 풍요가 인간을 잡아먹는 상황인 것이죠.

제가 볼 때는 약한 인공지능(weak AI)에서 강한 인공지능(strong AI)으로 가면 갈수록 인간에게 필요한 것은 결국 무엇인가? 철학, 예술을 포함한 인문학적 활동 능력이라고 보입니다. 빵이 필요한 사람은 빵을 찾죠. 빵이 있는 사람은 명예나

쇼펜하우어

권력을 추구합니다. 빵을 가진 사람 중에서 의미와 가치를 추구하기도 하죠.

과학기술이 발전해서 인류 일반의 풍요의 시대가 올 때 필요한 것은 무엇일까요? 그러한 시대를 거쳐서 나아갈 수 있는 지속 가능한 인류의 성장이 열쇠이고, 이 열쇠는 인류 개개인의 인문학적 활동에 달려있다, 저는 이렇게 말씀드리고 싶습니다. 인공지능이라고 하는 양날의 칼과 같은 도구의 주인이 되는 유일한 방법이 바로 그것이지 않을까 생각합니다.

《참고문헌》

• **국내자료**

가드너, 『다중지능: 인간지능의 새로운 이해』, 문용린 역, 2001.

고인석 외, 『인공지능의 윤리학』, 한울아카데미, 2019.

과학기술정보통신부, 『인공지능 개발 안내서(가이드북)』, 2021.

과학기술정보통신부와 정보통신정책연구원, 『국가 인공지능 윤리기준』, 2020.

괴테, 『파우스트(일러스트와 함께 읽는 세계명작)』, 문학동네, 2006.

권정임·곽노완·강남훈 저, 『분배정의와 기본소득』, 진인진, 2020.

금융위원회, 『금융 분야 AI 가이드라인』, 2021.7.

김재인, 『인공지능의 시대, 인간을 다시 묻다』, 동아시아, 2017.

김형준, 「자율주행 자동차 교통사고의 형사책임」, 『중앙법학』 제19권 제4호, 2017.

김효은, 『인공지능과 윤리』, 커뮤니케이션북스, 2019.

뉴턴프레스, 『과학과 철학』, 아이뉴턴, 2021.

도모히로·이노우에, 『모두를 위한 분배 – AI 시대의 기본소득』, 김소운 역, 2019.

돈 아이디, 『기술철학』, 철학과현실사, 1998.

레이 커즈와일, 『마음의 탄생[how to create a mind: the secret of human thought revealed]』, 크레센도, 2016.

루드비히 비트겐슈타인, 『논리-철학 논고』, 책세상, 2006.

리프킨·제레미, 『노동의 종말』, 이용호 역, 서울: 민음사, 2005.

마이클 샌델, 『정의란 무엇인가』, 김명철 역, 와이즈베리, 2014.

마틴 포드, 『로봇의 부상』, 이창희 역, 세종서적, 2016.

메리 셸리, 『프랑켄슈타인』, 문학동네, 2012.

문선우, 「독일의 인더스트리 4.0과 노동 4」, 『국제노동브리프』 2016(9), 한국노동연구원, 2016.

박가열·천영민·홍성민·손양수(2016), 『기술변화에 따른 일자리 영향 연구』, 한국고
　　용정보원, 2016.

박성희, 「키워드 칼럼 | 생각을 다루는 기술, 알고리즘」, 『오늘의 도서관』, 2017년 9
　　월호, zhttps://blog.naver.com/todayslibrary/221080171355

박영숙 외, 『블록체인 혁명 2030』, 교보문고, 2019.

박영숙·제롬 글렌, 『세계미래보고서 2035-2055』, 교보문고, 2020.

발터 벤야민, 「기술복제시대의 예술작품」, 『발터 벤야민 선집2』, 최성만 역, 길, 2007.

방송통신위원회와 정보통신정책연구원, 『국가 인공지능 윤리원칙』, 2019.11.

변순용 외, 「로봇윤리헌장의 필요성과 내용에 대한 연구」, 『윤리연구』 112호, 2017.

스튜어트 러셀, 『어떻게 인간과 공존하는 인공지능을 만들 것인가 AI와 통제 문제』,
　　이한음 역, 김영사, 2021.

스피노자, 『에티카』, 황태연 옮김, 비홍출판사, 2014.

실러, 『인간의 미적 교육에 관한 편지』, 안인회 역, 청하, 1995.

아도르노, 『미학이론』, 문학과 지성사, 홍승용 역, 1997.

아리스토텔레스, 『니코마코스 윤리학』, 최명관 옮김, 서광사, 1984.

아리스토텔레스, 『아리스토텔레스 시학』, 박문호 역, 열린지성, 2021.

앤서니 케니, 『고대철학』, 김성호 역, 서광사, 2008.

울리히 벡, 『아름답고 새로운 노동세계』, 홍윤기 역, 생각의 나무, 1999.

의약품식품안전처, 『경피적 시술 보조 로봇의 안전성 및 성능 평가 시험법 가이드라
　　인』, 2015.

이승준, 「자율주행자동차의 도로 관련법상 운전자 개념 수정과 책임에 관한 시론(試
　　論)」, 『형사법의 신동향』 제56호, 대검찰청, 2017.

이연희·변순용, 「킬러로봇에 대한 윤리적 고찰」, 『한국초등교육』 제31호, 초등교육
　　연구원, 2020.

이재박, 『예술과 인공지능』, MIG, 2021.

이재숭, 「AMA의 도덕적 지위의 문제」, 『철학논총』, 102, 2020.

이종하, 『철학, 삶을 말하다』, 북토피아, 2011.

이하준, 「아도르노의 개인의 위기 논제의 현재성」, 『동서철학연구』 69집, 2013.

이하준, 『철학이 말하는 예술의 모든 것』, 북코리아, 2014.

정보문화포럼, 『지능정보사회 윤리 가이드라인』, 2018.

정부 관계부처 합동, 『사람이 중심이 되는 인공지능(AI) 윤리기준』, 과학기술정보통신부, 2020.

정창록, 「인공지능로봇의료의 도덕형이상학적 모색: 의료적 전자인간의 책임가능성」, 『한국의료윤리학회 지』, 21(2), 2018.

제레미 리프킨, 『공감의 시대』, 이경남 역, 민음사, 2010.

제레미 리프킨, 『노동의 종말』, 이용호 역, 민음사, 2005.

존 롤즈, 『정의론』, 황경식 역, 이학사, 2003.

차종진·이경렬, 「자율주행자동차의 등장과 교통형법적인 대응」, 『형사정책연구』, 제29권(1), 한국형사정책연구원, 2018.

추병완, 「도덕적 인공지능에 관한 비판적 고찰」, 『윤리교육연구』, 44, 2017.

카뮈·알베르, 『시지프 신화: 열린책들 세계문학 255』, 열린책들, 2020.

카플란·제리, 『인공 지능의 미래』, 신동숙 역, 한스미디어, 2017.

칸트, 『실천이성비판』, 백종현 역, 아카넷, 2002.

클라우스 슈밥 외 26인 저, 『4차 산업혁명의 충격』, 김진희 역, 흐름출판, 2016.

토마스 불핀치, 『그리스 로마 신화』, 브라운힐, 2014.

페터 슬로터다이크, 『인간농장을 위한 규칙』, 이진우·박미애 역, 한길사, 2004.

프리드리히 니체, 『인간적인 너무나 인간적인』, 강두식 옮김, 동서문화사, 2007.

플라톤, 『국가, 정체』, 백종현 역, 서광사, 1997.

하워드 가드너, 『지능이란 무엇인가?(하워드 가드너의 마음의 과학 3)』, 김동일 역, 사회평론, 2016.

한국로봇산업진흥원, 「로봇이 생산성, 고용, 일자리에 미치는 영향」, 『Robot Issue Brief』 2017-3호, 2017.

한국정보화진흥원, 『지능정보사회 윤리 가이드라인』, NIA, 2018.

한선관 외, 『AI 사고를 위한 인공지능 교육』, 성안당, 2021.

헤르베르트 마르쿠제, 『해방론』, 김택 옮김, 울력, 2004.02.

• 국외자료

AI-HLEG(High-level expert group on artificial intelligence)., *Ethics Guidelines for Trustworthy AI*, 2019. https://www.aepd.es/sites/default/files/2019-12/ai-ethics-guidelines.pdf

Beck, U., *Risikogesellschaft Auf dem Weg in eine andere Moderne*, Frankfurt a. M., 1996.

BJDW, *Positionspapier zum Thema Künstliche Intelligenz. Beirat Junge Digitale Wirtschaft beim Bundesministerium für Wirtschaft und Energie*. 2018.

Bostrom, N., & Yudkowsky E., *The ethics of artificial intelligence. The Cambridge Handbook of Artificial Intelligence*, Cambridge University Press, 2014.

Bundesministerium für Arbeit und Soziales, *Grünbuch −Arbeiten 4.0*, 2015.

Carl Benedikt Frey and Michael A. Osborne, "The Future of Employment: How Susceptible Are Jobs to Computerisation?" *Technological Forecasting and Social Change*, 2017, vol. 114, issue C, 254-280, DOI:10.1016/j. techfore.2016.08.019

Dario Sarmadi, *Merkel calls for industry 4.0 at German IT Summit*, EURACTIV.de, 2014년 10월 22일, https://www.euractiv.com/section/digital/news/merkel-calls-for-industry-4-0-at-german-it-summit/ 2021년 8월 26일 검색

Engelke, P., *AI, Society, and Governance: An Introduction*, Atlantic Council, March 2020.

Erica Palmerini, et. al., *D6.2 - Guidelines on Regulating Robotics*, http://www.robolaw.eu/RoboLaw_files/documents/robolaw_d6.2_guidelinesregulatingrobotics_20140922.pdf

EU, *Regulation Of The European Parliament And Of The Council: Laying Down Harmonised Rules On Artificial Intelligence (Artificial Intelligence Act) And Amending Certain Union Legislative Acts*, 2021. 4. 21.

Executive Office of the President National Science and Technology Council Advanced Manufacturing National Program Office, *National Network for*

Manufacturing Innovation: A Preliminary Design, 2013, https://www. energy.gov/sites/default/files/2013/11/f4/nstc_jan2013.pdf

Frey, C. B., and Osborne. M. A., *The future of employment: how susceptible are jobs to computerisation.* (2013.7.)

Guang Yang, Qinghao Ye, Jun Xiaf, Unbox the black-box for the medical explainable AI via multi-modal and multi-centre data fusion: A mini-review, two showcases and beyond, Information Fusion, Volume 77, January 2022, Pages 29-52, https://doi.org/10.1016/j.inffus.2021.07.016

Horn, J. L., &Cattell, R. B. (1967). "Age differences in fluid and crystallized intelligence." *Acta Psychologica*, 26, 107–129.

IEEE, *Ethically Aligned Design: A vision for prioritizing Human Wellbeing with Artificial Intelligence and Autonomous System*, 2016. https://standards. ieee.org/wp-content/uploads/import/documents/other/ead_v2.pdf

Jutta Rump (Herausgeber), Silke Eilers (Herausgeber), *Auf dem Weg zur Arbeit 4.0: Innovationen in HR(IBE-Reihe)*, Springer-Gabler, 2017, ISBN 366249745X

Karel Čapek, *R.U.R.(Rossum's Universal Robots)*, penguin books, 2004

Katja Grace, John Salvatier , Allan Dafoe, Baobao Zhang , and Owain Evans, *When Will AI Exceed Human Performance? Evidence from AI Experts*, arXiv:1705.08807v3 [cs.AI] 3 May 2018

Louis Leon Thurstone, *Nature of Intelligence*, Greenwood Press (1924)

Mai N-D, Lee B-G, Chung W-Y. "Affective Computing on Machine Learning-Based Emotion Recognition Using a Self-Made EEG Device." *Sensors.* 2021; 21(15):5135. https://doi.org/10.3390/s21155135

Oxley, L. &Morris, P., "Global Citizenship: A Typology for Distinguishing its Multiple Conceptions," *British Journal of Educational Studies* : 61(3), 2013.

Russell, S. & Norvig, P., *Artificial Intelligence: A Modern Approach*, Prentice Hall, 3rd edition, 2009.

S. Suganyadevi, V. Seethalakshmi & K. Balasamy, A review on deep learning in medical image analysis, International Journal of Multimedia Information Retrieval volume 11, pages19–38 (2022),

Shortliffe E. H., "Mycin: A Knowledge-Based Computer Program Applied to Infectious Diseases." *Proceedings of the Annual Symposium on Computer Application in Medical Care* , 1977, 66-69.

Spearman, C. "The measurement of intelligence." *Nature* 120.3025 (1927): 577-578.

Sternberg, Robert J., *Beyond IQ: A Triarchic Theory of Human Intelligence*, Cambridge University Press, 1985.

The World Economic Forum, *The Future of Jobs Report*, January, 2016. pp.v http://www3.weforum.org/docs/WEF_Future_of_Jobs.pdf

The World Economic Forum, *The Global Risks Report 2017*, 11 January 2017, https://www.weforum.org/reports/the-global-risks-report-2017

Toynbee, A, & Benjamin J., *Lectures on the Industrial Revolution in England: Popular Addresses, Notes and Other Fragments, Together with a Short Memoir by B. Jowett.* 1884.

Tully, J., *On Global Citizenship, Bloomsbury Academic*, 2014. University. 2016.

日本經濟再生本部(일본 경제재생본부), 日本再興戰略 2016 ―第4次産業革命に向けて―(*일본재흥전략: 2016년 제4차산업혁명을 향하여*), 2016, https://www.kantei.go.jp/jp/singi/keizaisaisei/pdf/2016_zentaihombun.pdf

《영화》

모튼 틸덤(감독), 노라 그로스먼, 이도 오스트로우스키, 테디 슈워츠먼(제작), (2015), 〈이미테이션 게임(Imitation Game)〉[동영상], 2014년 8월 29일(최초 개봉일)

스파이크 존즈(감독), 스파이크 존즈, 메건 엘리슨, 빈센트 랜데이(제작), (2014), 〈Her〉[동영상], 2013. 12. 18.(최초 개봉일)

앤드류 니콜(감독), 대니 드비토, 마이클 샘버그, 스테이시 쉐어, 게일 라이언, 조슈아 레빈슨, 조지아 카칸데스(제작), (1997), 〈가타카(Gattaca)〉[동영상], 1997. 10. 24.(최초개봉일)

오시이 마모루(감독), 미즈오 요시마사, 마츠모토 켄, 이야도미 켄, 이시카와 미츠히사(제작), (1995), 〈공각기동대(Ghost in the shell)〉[동영상], 1995. 11. 18.

(최초상영일)

오언 해리스(감독), (2013), 〈블랙미러(Black Mirror): 시즌2 곧 돌아올게(Be Right
　　　Back)〉[동영상], 2013. 2. 11.(최초상영일)

월리 피스터(감독), 크리스토퍼 놀란, 브로데릭 존슨, 앤드류 A. 코소브, 마리사 폴비
　　　노, 데이빗 발데스, 케이트 코헨(제작), (2014), 〈트랜센던스(Transcendence)〉
　　　[동영상], 2014. 4. 18.(최초상영일)

존 패브로(감독), 케빈 파이기, 아비 아라드(제작), (2008), 〈아이언 맨(The Invincible
　　　Iron Man)〉[동영상], 2008. 4. 30.(최초상영일)

알렉스 가랜드(감독), 앤드루 맥도널드, 스콧 루딘(제작), (2015), 〈엑스마키나
　　　(X-Machina)〉[동영상], 2015. 1. 21.(최초상영일)

폴 버호벤(감독), 찰스 뉴어스, 안 슈밋, 에드워드 뉴마이어, 스티븐 림(제작), (1987),
　　　〈로보캅(Robocop)〉[동영상], 1987. 7. 17.(최초상영일)

《참고기사》

EconomyChosun, 로봇이 시트콤 '프렌즈' 속편도 써, EconomyChosun, 141호 2016.
　　　03. 14., http://economychosun.com/client/news/view.php?boardName=C
　　　00&t_num=9321

https://www.bbc.com/korean/news-50969558

https://www.engineeredarts.co.uk/robot/ameca/

https://www.theguardian.com/technology/2022/apr/04/mind-blowing-ai-da-bec
　　　omes-first-robot-to-paint-like-an-artist

Liat Clark, Google brain simulator identifies cats on YouTube, Wired,
　　　26.06.2012, https://www.wired.co.uk/article/google-brain-recognises-cats

Rachel Kaufman, The Musical Performance &Sight Machine& Reveals What
　　　Artificial Intelligence Is Thinking About Us, Smithsonian Magazine,
　　　October 30, 2018, https://www.smithsonianmag.com/smithsonian-insti
　　　tution/musical-performance-sight-machine-reveals-what-artificial-inte
　　　lligence-thinking-about-us-180970644/

The Week Staff, Occupy Wall Street: A protest timeline, The Week, JANUARY 9, 2015, https://theweek.com/articles/481160/occupy-wall-street-protest-timeline

고아름, 테슬라 자율주행 중 '꽝'…첫 사망 사고, KBS뉴스, 2016.07.01. https://news.kbs.co.kr/news/view.do?ncd=3305015

권오성, 인공지능이 대본 쓴 첫 영화 나왔다, 한겨레신문, 2016.06.13. https://www.hani.co.kr/arti/society/society_general/748028.html

김윤형, 일본 인공지능로봇 '도로보군' 올해도 도쿄대 낙방, 한겨레신문, 2016.11.09. https://www.hani.co.kr/arti/international/japan/770354.html

매일경제 2016.07.01. https://www.mk.co.kr/news/special-edition/view/2016/07/473466/

박선재, 국산 수술 로봇 레보아이 가능성은?, 메디컬업저버, 2020.10.26.

박선재, 꽃길 걷던 IBM 인공지능, 가시밭길 접어든 이유는?, 메디컬 옵저버, 2019.01.08. http://www.monews.co.kr/news/articleView.html?idxno=123818

송인호, 우버 자율주행차, 애리조나서 교통사고…보행자 숨져, SBS뉴스, 2018.03.20. https://news.sbs.co.kr/news/endPage.do?news_id=N1004673362

신지호, 원자력병원, 국산 복강경 수술로봇 '레보아이' 도입, 데일리메디, 2021.11.01.

안승섭, "이젠 로봇이 의사까지"…AI 로봇, 중국서 의사시험 합격, 연합뉴스, 2017.11.25. https://www.yna.co.kr/view/MYH20171125004500038

애니로캐스트, 인공지능 '제로'가 쓴 소설 '현인강림'이 일본에서 출판, 애니로넷, http://aniro.net/aninews/564456

연합뉴스TV, MS 채팅봇 '테이' 차별발언으로 운영중단, 2016. 03. 25. https://www.yna.co.kr/view/MYH20160325008800038

이강봉, 인공지능 교사가 수학 가르친다, The Science Times, 2016.12.27. https://www.sciencetimes.co.kr/news/%EC%9D%B8%EA%B3%B5%EC%A7%80%EB%8A%A5-%EA%B5%90%EC%82%AC%EA%B0%80-%EC%88%98%ED%95%99-%EA%B0%80%EB%A5%B4%EC%B9%9C%EB%8B%A4/

이기준, AI가 그린 그림 900만원에 팔려 … 예술 넘보는 인공지능, 중앙일보, https://www.joongang.co.kr/article/19853826#home

이상철, 기쁨병원, '레보아이(Revo-i)' 복강경 로봇수술 100례 돌파…합병증 발생 '0',

후상신보, 2021.3.15.

임화섭, 인공지능 세뇌의 위험···MS 채팅봇 '테이' 차별발언으로 운영중단, 연합뉴스, 2016.03.25. https://www.yna.co.kr/view/AKR20160325010151091

장길수, 조지아텍 조교 '질 왓슨' 신분 들통나, 로봇신문, 2016.05.10, http://www.irobotnews.com/news/articleView.html?idxno=7514

최호섭, 평창 하늘에 뜬 드론 1218대의 비밀...인텔은 왜?, 동아사이언스, 2018.02.10. https://www.dongascience.com/news.php?idx=21421

카카오브레인, 초거대 AI 두번째 모델 'minDALL-E' 공개, 2021년 12월 15일, https://www.kakaocorp.com/page/detail/9638

현대자동차그룹, 어디까지 바뀔까? 완전 자율주행차가 가져올 변화들, 2020. 02. 21,

《웹 정보》

Ai-Da, https://www.ai-darobot.com/about

AI스터디, 질의응답시스템, http://www.aistudy.com/linguistics/natural/question_answer_system.htm

Future of Life Institute, 아실로마 AI원칙, https://futureoflife.org/2017/11/18/ai-principles-korean/

Google AI, Artificial Intelligence at Google:Our Principles, https://ai.google/principles/

Google AI, Magenta Project: Listen to Transformer, https://magenta.tensorflow.org/listen-to-transformer

https://link.springer.com/content/pdf/10.1007/s13735-021-00218-1.pdf

https://www.hani.co.kr/arti/society/society_general/748028.html

ING, The Next Rembrandt, https://www.nextrembrandt.com/

International Science Shop Network, https://www.facebook.com/livingknowledge/

Liat Clark, Google brain simulator identifies cats on YouTube, Wired, 26.06.2012, https://www.wired.co.uk/article/google-brain-recognises-cats

MFI, MIT et. al., Moral Machine, https://www.moralmachine.net/hl/kr

Miles Shang, 온라인 구문 분석 트리 생성도구, http://mshang.ca/syntree/

Soly, Flow Machines, https://www.flow-machines.com/

UPHIGH Productions, Superflex Aura Powered Suit,2017. 7. 26.,

        https://www.youtube.com/watch?v=AZFghvIFnWw

딥마인드, 알파고,

        https://www.deepmind.com/research/case-studies/alphago-the-story-so-far

이하준·박성희, KMOOC 강좌 [AI와 인간의 미래], http://kmooc.kr

카네기멜론대학, 구문분석도구,

        https://www.link.cs.cmu.edu/link/submit-sentence-4.html

《사진출처》

본문 중의 모든 인물사진의 출처는 위키피디아(https://wikipedia.org)임을 밝힌다.

〈저자소개〉

이하준

오늘, 지금 인류 삶의 한가운데 등장한 '현실의 AI'와 '논제로서의 AI'에 대해 공학자와 함께한 짧고 간결한 생각여행을 기록했다. 20여 년 전에 베를린 자유대에서 아도르노 연구로 박사학위를 받았다. 중앙대, 경희대, 한국외대 등 많은 대학에서 가르쳤고 연세대 철학연구소 전문연구원을 거쳐 한남대 탈메이지교양융합대학 철학교수로 일하고 있다. 한국연구재단 전문위원으로 지냈으며 현재 한국동서철학회 부회장과 대전인문예술포럼 회장을 맡고 있다. 〈대학지성 IN&OUT〉의 편집기획위원으로도 활동하고 있다. 연구서인 〈교양교육비판 – 교양교육의 현재와 미래를 위한 비판적 사유〉(2022), 〈부정과 유토피아〉(2019), 〈아도르노의 문화철학〉(2007), 〈호르크하이머의 비판이론〉(2011)과 소개서인 〈아도르노: 고통의 해석학〉(2007), 〈막스 호르크하이머, 도구적 이성비판〉(2016)을 출간했다. 세종우수학술도서 〈철학이 말하는 예술의 모든 것〉(2014)과 세종우수교양도서 〈그림도 세상도 아는 만큼 보인다〉(2019)로 선정된 책을 포함, 다수의 인문교양도서를 냈고 60여 편의 연구논문을 썼다. 〈지금, 우리는 어떻게 살고 있나〉(2020), 〈#철학〉(2021), 〈인문예술, 세상을 담다〉(2022)를 포함해 영혼의 눈빛으로 태양을 바라보는 동학들과 공저 작업도 꾸준히 하고 있다.

박성희

알파고로부터 시작된 인공지능의 물결, 그 능력의 범위와 한계가 어디까지인지, 그 미지의 세계로의 여행은 상상하기만 하여도 호기심을 자극하기에 충분할 것이라 확신한다. 소프트웨어를 전공하고, 버지니아 공대에서 외부의미정보를 이용한 향상된 정보추출 연구로 박사학위를 받았다. IT국책연구소에서 인공지능, 빅데이터 관련 다양한 분야의 연구프로젝트를 수행하면서 우리 생활에 필요한 기술들을 연구개발하는 경험을 쌓았다. 우리 인류가 정보 공유를 위해 축적해 온 도서관의 수많은 지식정보들을 인공지능에 담아낼 방법을 찾고자 현재 한남대학교 문헌정보학과에서 후학들과 함께 그 길을 모색하고 있다. 연구서 공저자로 〈비대면 시대, 가상 증강현실과 도서관〉(2021), 〈Digital Library Applications: CBIR, Education, Social Networks, eScience/ Simulation, and GIS〉(2014), Digital Library Technologies: Complex Objects, Annotation, Ontologies, Classification, Extraction, and Security〉(2014)를 출간했다. 이 밖에 10여 편의 연구논문을 학술지에 게재하고 50여 편의 논문을 국내외 학술대회에서 발표했다. 10여 건의 국내외 특허도 출원하였다.

AI와 함께 떠나는 미래로의 여행

초판발행   2022년 6월 10일

지은이   이하준·박성희
펴낸이   안종만·안상준

편 집   김다혜
기획/마케팅   정연환
표지디자인   Benstory
제 작   고철민·조영환

펴낸곳   (주) 박영사
                서울특별시 금천구 가산디지털2로 53, 210호
                (가산동, 한라시그마밸리)
                등록 1959. 3. 11. 제300-1959-1호(倫)
전 화   02)733-6771
f a x   02)736-4818
e-mail   pys@pybook.co.kr
homepage   www.pybook.co.kr
ISBN   979-11-303-1562-1   03300

정 가   18,000원